MENSCHEN PFLEGEN, DAS IST MEINS

Norbert Nientiedt

Ardey-Verlag
Münster 2022

Umschlagabbildung: Verleihung des Pflegepreises der Domfreunde auf dem Münsteraner Prinzipalmarkt 2021

Foto: Eberhard Mehm

Design Pflegepreis: Dieter Sieger

Bibliografische Information der Deutschen Nationalbibliothek

Die Deutsche Nationalbibliothek verzeichnet diese Publikation in der Deutschen Nationalbibliografie; detaillierte bibliografische Daten sind im Internet über http://dnb.dnb.de abrufbar.

© **Ardey-Verlag GmbH, Münster 2022**

www.ardey-verlag.de

ISBN: 978-3-87023-474-4

Satz und Layout: Uli Ruhe

Druck: Westermann Druck Zwickau GmbH, Zwickau
Gedruckt in Deutschland

Widmung

Ich widme das Buch allen Menschen, die täglich und passioniert mit ihrem großen Engagement die Pflege in unserem Land aufrechterhalten. In besonderer Weise gilt diese Widmung den Menschen, deren Porträts ich erstellen durfte. Namentlich erwähnen möchte ich Mostafa Othmann, dessen Weg vom syrischen Kriegsflüchtling zum leidenschaftlichen Pflegeschüler mich nachhaltig beeindruckt hat.

Er setzt damit ein Zeichen für die Zukunft der Pflege, das Hoffnung aufkommen lässt!

Inhalt

Einleitung

Nachdem wir Domfreunde allen Pflegestationen in Münster den von Dieter Sieger designten Pflegepreis übergeben hatten, war schnell klar: Unser Engagement für die Pflege muss darüber hinausgehen! Ich hörte mir an, wie selbsternannte Experten über die Pflege sprachen. Ein Brainstorming in einem TV-Magazin deckte sich mit Befragungen auf der Straße. Das Ergebnis: „Pflege, das bedeutet fremden Menschen den Hintern abputzen und ist ein schlecht bezahlter Knochenjob." Aber entspricht das der Realität? Ich beschloss mit den Menschen zu reden, welche die Pflege in all ihrer Vielfalt täglich leisten.

Also startete ich einen Aufruf an Pflegerinnen und Pfleger und suchte gemeinsam mit Peter Glahn, dem Geschäftsführer der Domfreunde, den Kontakt zu den Verantwortlichen in den Einrichtungen. Die ähnlichen Motive der bereits existierenden Initiative „Starke Pflege Münster" führten zu einer fruchtbaren Zusammenarbeit. Videokonferenzen der Initiative mit Pflegeschulen sorgten für entsprechende Kontakte. Die daraus entstandenen Porträts pflegender Menschen bieten sowohl Einblicke in den Pflegealltag als auch die Erkenntnis, dass es sich wirklich um „Starke Typen" handelt. Der Aufruf erreichte ebenso Menschen, die im Krankenhausbesuchsdienst oder in der Pflegeaufsicht arbeiten. Wertvolle Reflexionen eines Hospiz-Leiters, die kritische Kolumne einer Pflegerin oder ein historischer Blick auf den Umgang mit leprakranken Menschen in Münster-Kinderhaus gaben eine Vielfalt ab, die mir wichtig ist.

Ich bin sehr zuversichtlich, dass Leser*innen dieses Buches mögliche Vorurteile aufgeben, wenn sie sich auf die Porträts und Geschichten einlassen. Mit diesem Buch soll nicht von außen über die Pflege gesprochen, sondern von Pflegenden geschildert werden, wie ihr Alltag wirklich aussieht. In der Nachbetrachtung kann ich mich nur vor den in diesem Buch vorgestellten Personen verbeugen. Sie scheinen hochmotiviert zu sein und erfahren viel Sinn in ihrem beruflichen Alltag. Mein größter Wunsch ist, dass von ihnen ein Funke überspringt auf junge Menschen, die vor der Berufswahl stehen oder auf Menschen, die genau diese Qualitäten in ihrem beruflichen Tun vermissen.

Die drängenden Probleme der Pflege werden in „Menschen pflegen, das ist meins" nicht verschwiegen. Natürlich leiden die Menschen, die

die Pflege täglich schultern, unter der viel zu dünnen Personaldecke. Pflege jedoch auf diesen Aspekt oder eine reine Körperpflege zu reduzieren, wird dem Thema und erst recht den Menschen nicht gerecht, denen ich mit diesem Buch Gehör verschaffen möchte.

Die Domfreunde Münster unterstützen mit ihren Projekten den Neubau der Palliativstation im Herz-Jesu-Krankenhaus in Hiltrup. Und sie haben dieses Buch durch finanzielles und ehrenamtliches Engagement gefördert.

Als aktiver Domfreund werde ich aus meinem Autorenhonorar für dieses Buch großzügig spenden.

Norbert Nientiedt im Sommer 2022

Vorwort

Ich bin fest davon überzeugt, dass der Mensch wichtiger als die Sache ist und damit immer im Mittelpunkt stehen muss. Das gilt besonders in der Pflege, weil es hier um Menschen geht, die nicht mehr in der Lage sind, sich um sich selbst zu sorgen. Sie brauchen die Hilfe ihrer Mitmenschen. Deshalb ist das für mich auch ein ganz besonderer Beruf. Diejenigen, die diesen Beruf ergreifen, müssen sich auf ganz individuelle Bedürfnisse einstellen. So einen Beruf kann nicht jeder machen. Pflege erfordert Respekt vor dem Anderen, weil sie tief in die Privatsphäre eindringt und dabei die Würde wahren muss. Pflege ist daher für mich immer auch ein Ausdruck der Nächstenliebe. Sie steht für das Füreinander da sein. Sie steht für die Unterstützung von Menschen, die Unterstützung brauchen. Und manchmal heißt Pflege auch für jemanden da zu sein, weil es keine Angehörigen mehr gibt, die diese wichtige Aufgabe übernehmen. Sie verkörpert für mich deshalb das Eintreten für die Schwachen und Schwächsten in unserer Gesellschaft, weil sie tief im christlichen Selbstverständnis wurzelt. Pflege ist praktizierte Solidarität. Das gilt am Anfang des Lebens und in allen Phasen, in denen Menschen auf Unterstützung angewiesen sind. Das gilt besonders, wenn die geistigen und körperlichen Kräfte im Alter nachlassen und der Mensch in vielfältiger Hinsicht auf Unterstützung angewiesen ist. Die Pflege ist ein Auftrag an uns alle und damit auch an eine Politik, in der die christliche Botschaft das Handeln bestimmt.

Ich bin als Minister für Arbeit, Gesundheit und Soziales des Landes Nordrhein-Westfalen froh und dankbar dafür, dass wir den Menschen, die diesen Beruf ergreifen wollen, eine gute Ausbildung mit auf den Weg geben können. Dank der Anstrengungen in den letzten Jahren sind die Ausbildungszahlen in den Pflege- und Assistenzberufen gestiegen. Die Corona-Pandemie hat uns aber vor Augen geführt, wie wichtig es ist, hier nicht nachzulassen. Auch wenn der Bund bei der pflegerischen Versorgung im Wesentlichen entscheidet, setzt sich das Land Nordrhein-Westfalen für die Verbesserung der Rahmenbedingungen ein. Mit neuen Ausbildungsmodellen, der Anwerbung von ausländischen Fachkräften und der Einführung beispielsweise der „Kurzzeitpflege im Krankenhaus" konnten und können neue Impulse gegeben werden. Die Zahl der Tagespflegeeinrichtungen, die Pflegewissenschaft an unseren Hochschulen, das Virtuelle Krankenhaus und nicht zuletzt die Tarifbindung sind weitere

Beispiele, wo eine Landesregierung ansetzen kann. Jeder fünfte Mensch in Nordrhein-Westfalen ist heute 65, 2030 wird es jeder vierte sein. Die demographische Entwicklung ist eindeutig. Wir reden heute schon über das Wohlergehen, die Selbstbestimmung und die Lebensqualität von rund 1 Million Pflegebedürftigen allein in Nordrhein-Westfalen (Stand Mai 2022). Das Ziel muss es sein, diese Menschen so lange wie möglich in der vertrauten Umgebung zu belassen. Pflege heißt deshalb auch, die hohe familiäre Pflegebereitschaft zu unterstützen und nach Möglichkeit zu entlasten. Wenn vier von fünf Pflegebedürftigen zu Hause versorgt werden, heißt das in einer alternden Gesellschaft, dass wir zusätzliches Personal brauchen. Denn Geld pflegt nicht.

Unser Ziel muss es sein, gerade junge Menschen für einen Beruf zu begeistern, der so viele verschiedene Facetten hat. Dabei hilft, wie ich finde, ein ungetrübter Blick auf diejenigen, die sich dem Beruf der Pflege verschrieben haben, weil sie ihn als Herzensangelegenheit sehen.

Deshalb danke ich Norbert Nientiedt und den Domfreunden Münster e.V. für dieses Buch, das der Pflege und den Pflegenden eine Stimme gibt. Wer sind die Menschen, die diesen Beruf ausüben? Was motiviert sie dazu, ihr tägliches Werk am Mit-Menschen zu vollbringen? Wie sieht ihr Alltag aus? Und ganz wichtig, gerade für Interessierte: Wäre das nicht auch ein Beruf für mich? Das sind die spannenden Fragen, wenn ich mir die einzelnen Porträts anschaue. Da sind Menschen, die noch ganz am Anfang ihrer Ausbildung stehen. Da sind die Praktiker, die viel gesehen und erlebt haben. Und es kommen diejenigen zu Wort, die man vielleicht nicht sofort mit Pflege in Verbindung bringt. Norbert Nientiedt hat tiefe und sehr persönliche Eindrücke versammelt. Pflege ist eben keine Selbstverständlichkeit, Pflege ist etwas, das uns alle angeht und unsere tiefste Anerkennung verdient.

Daher wünsche ich dem Buch von Herzen all die Aufmerksamkeit und das Interesse, das die hier stellvertretend versammelten Menschen verdienen.

Ihr Karl-Josef Laumann
Minister für Arbeit, Gesundheit und Soziales
des Landes Nordrhein-Westfalen

Pflegepreis 2021 der Domfreunde Münster

Am 27. Juni 2021 ehrten die Domfreunde alle Pflegestationen in Münster mit einem Preis für ihr außergewöhnliches Engagement. Auszug aus der Rede der damaligen Regierungspräsidentin Dorothee Feller zur Preisverleihung:

„...17 Monate Pandemie liegen hinter uns; mit bislang zwar hoffnungsvollem, aber doch noch ungewissem Ausgang. 17 Monate lang haben Sie als Pflegekräfte eine Mammutaufgabe gestemmt und eine Vielzahl von Erkrankten, Sterbenden und ihre Angehörigen in dieser schwierigen Phase begleitet; haben trotz eigener Ansteckungsgefahr und der Sorge um Ihre eigenen Familien und Freunde alles gegeben; sind an Ihre Grenzen und noch weit darüber hinaus gegangen...

...Wenn sich aber aus der Pandemie etwas ergeben hat, dann der Umstand, dass seither niemand mehr die fundamentale Bedeutung der Pflege für unsere Gesellschaft in Frage stellt. Der Begriff der Systemrelevanz – eigentlich aus der Finanzwirtschaft stammend – wird mittlerweile eng mit dem Pflegeberuf verknüpft. Eine längst überfällige Diskussion um die angemessene Anerkennung für Angehörige der Pflegeberufe hat sich Bahn gebrochen....

...Denn nur, wenn der Pflegeberuf hinreichend attraktiv gestaltet wird und eine angemessene Anerkennung erfährt, kann es uns gelingen, den Nachwuchs zu finden, den es braucht, um den systemrelevanten Beruf der Pflege aufrechtzuerhalten."

Dorothee Feller
Ministerin für Schule und Bildung des Landes Nordrhein-Westfalen

Grußwort

Das Virus zeigte die Verletzlichkeit und Hilflosigkeit einer hochentwickelten Gesellschaft, die auf das Virus mit Seuchenbekämpfung, Quarantänemaßnahmen, AHA-Regeln und Distanzunterricht reagieren musste. Wir stellen fest, dass die Daseinsvorsorge mit einfachstem medizinischem Material wie etwa Masken zunächst nicht gewährleistet war. Wir haben erlebt, dass das Loblied auf die Globalisierung, die Just-In-Time-Produktion und auf den Weltmarkt ein wenig schräg und dissonant wurde und wir lernen und neu denken müssen – Stichwort Bevorratung und regionale Produktion. Ganz dramatisch empfand ich die monatelange Isolation in den Altenheimen – infektionslogisch gut gemeint, aber mit so vielen sozialen und motivationalen Folgen und so großer Einsamkeit!

Dieser plötzliche weltweite Notfall der Corona-Pandemie, die nun schon drei Jahre andauert, wirkt wie ein Brennglas. Im Ausnahmezustand treten die Probleme auch unserer Gesellschaft stärker zutage und werden bewusst: Bürokratie, föderaler Staatsaufbau, formale Organisationsformen, Infrastruktur sind schnell Thema. Wichtig ist aber auch das über das bloß Formale hinausgehende, der Umgang miteinander, das Kulturelle, die Wertschätzung, die Beziehungen.

Gut war die Akzeptanz der notwendigen Maßnahmen durch den allergrößten Bevölkerungsanteil; es gab nur wenige lautstarke und verrückte Coronaleugner und sehr viele Disziplinierte. Wir haben Rücksicht erlebt und sind schon eine resiliente Gesellschaft auf einem hohen Wohlstandsniveau, das vielfältige Staatshilfen möglich gemacht hat. Es war richtig, dass zuerst die vulnerablen Menschen geimpft wurden und es bleibt weiter nötig, den Impfschutz stetig zu aktualisieren! Wir haben ein vergleichsweise ausgezeichnetes Gesundheitssystem und können dafür dankbar sein! Aber das Gesundheitssystem besteht nicht nur aus Zahlungsleistungen, Versicherungssystemen, chemischen und biologischen Prozessen und der Organisation irgendwelcher technischen Geräte (die man natürlich auch benötigt, z.B. zur Beatmung). In der politischen Debatte geht es vor allem immer wieder um Quantitäten. Wir sind es nun gewöhnt, Zahlen und Kennziffern zu hören, wie z.B. Bettenzahlen oder Inzidenzen, doch wir haben gelernt, dass Intensivbetten nur dann relevant sind, wenn auch das Personal vorhanden ist. Was nutzt all die Ausstattung, wenn es nicht genug kompetente Menschen gibt, die sie zum Wohl der Patientinnen und Patienten gebrauchen können. Die Qualität eines Gesundheitssystems besteht aus mehr als aus Quantität, für Qualität stehen die Menschen!

Mir ist der Systembegriff viel zu abstrakt: Immer geht es um Menschen, ganz konkrete Menschen, die neben ihrer Professionalität auch eine Seele haben, die viel Leid miterleben, ansehen und aushalten mussten: Verzweiflung, Einsamkeit und Trauer und natürlich aber auch Erfolge, Gesundung und die Dankbarkeit, dass Leben gerettet werden konnte. Ich bin begeistert von der wissenschaftlichen Leistung, Impfstoffe in so kurzer Zeit zu entwickeln und von der Dynamik, die es bei den Medikamenten gibt. Das ist das berühmte Licht am Ende des Tunnels. Doch ist es, wenn es ganz konkret wird, nicht nur eine Frage der Medizin, sondern im Besonderen eine der Pflege, der pflegerischen Anwendung. Ich bin fest davon überzeugt, dass es neben der pflegerischen Professionalität und dem technischen und medizinischen Fortschritt vor allem die Persönlichkeit der Menschen ist, das Engagierte, Zugewandte, Liebevolle, die Geste, der Blick, die Berührung, die Hoffnung schöpfen lässt, der Beistand, das „nicht alleine lassen", das Ansprechbarsein, das Teilen von Emotionen, das Ohr für Sorgen und Bitten, die Hand, die einen hält, stützt, trägt. Es geht um persönlich-menschliche Beziehungen: das meint das Wort „humane Gesellschaft"!

Mich hat die Debatte, wer systemrelevanter als andere sei, schon sehr irritiert: Bei allem Verständnis um die wirtschaftlichen Existenzsorgen, ging es schon ein wenig um einen gesellschaftlichen Kampf um Anerkennung – wer ist wichtig und am wichtigsten – und ich glaube, unsere Gesellschaft muss sich neu sortieren in ihrer Anerkennungsökonomie. Ich bin fest davon überzeugt, dass wir mit Blick auf das Thema Pflege viel zu kurz greifen, wenn wir die verschiedenen Branchen und kritischen Infrastrukturen nach Systemrelevanz priorisieren: Denn neben dem Thema Daseinsvorsorge ist das Thema Daseinsfürsorge wichtig. Sorge für andere bedeutet christlich Nächstenliebe, auf Neudeutsch bedeutet das CARE-Arbeit, die in den Familien und in der Pflege als Beziehungsarbeit von Mensch zu Mensch geleistet wird. Thema Fürsorge und Care bedeutet achtsamer Umgang miteinander und eine Vernetzung von Perspektiven: Rücksicht, Umsicht, Nachsicht, Vorsicht, Voraussicht. Diese Solidarität ist nicht hoch genug einzuschätzen. Der Mensch ist ein Beziehungswesen, er kann nicht alleine und ist auf andere angewiesen, gerade in Krankheit und Gebrechlichkeit. Ich glaube, es wäre viel zu kurz gedacht, diese Fürsorge in der Reihe der Systemrelevanzdebatte zu diskutieren: Familie und Pflege sind nicht einfach in dem Sinne systemrelevant wie vielleicht andere auch, sie sind vielmehr die Voraussetzung des Ganzen, sie machen das System selbst aus!

Es gab schöne Gesten, den Applaus, die gutgemeinte Einmalzahlung des Pflegebonus. Natürlich geht es um eine strukturelle Stärkung der Pflege: die Pflegekammer in NRW, die Forderung nach einer Bundespflegekammer in Berlin. Sicher geht es um eine angemessene Bezahlung, um gute Tarifverträge für die hauptamtliche, stationäre und ambulante Pflege im Krankenhaus und Altenheim, aber in vielen Gesprächen mit Pflegenden haben wir immer gehört, Geld sei nicht alles, vielmehr gehe es um Wertschätzung! In einer alternden Gesellschaft sind wir immer mehr darauf angewiesen, dass Menschen sich motiviert fühlen, den Pflegeberuf zu ergreifen! Und wir dürfen auch die nicht vergessen, die als „pflegende Angehörige" in ihren Familien Großartiges leisten, das auch gesellschaftliche Anerkennung bedarf.

Seit geraumer Zeit setzen sich in Münster die „Domfreunde. Die Münsterinitiative" – ein besonderer Heimatverein – mit Aktivitäten und öffentlichen Veranstaltungen für strukturelle Verbesserungen für die Pflege und im Gesundheitsbereich ein. Wir unterstützen mit dem Erlös des Verkaufs unseres berühmten Dombuches die Kinderkrebshilfe und engagieren uns mit vielfältigen Spendenaktionen für den Neubau der Palliativstation des Herz-Jesu-Krankenhaus in Münster-Hiltrup. Um Aufmerksamkeit zu steigern und Anerkennung auszudrücken, geben wir seit Jahren sogenannte Pflegeempfänge: 2017 in der Münsteraner Galerie Laing zum Thema der Akademisierung der Pflege, 2018 Pflegeempfang im Segelclub am Aasee zur Pflegekammer und 2019 in der Fachhochschule Münster zur Generalistik in der Pflegeausbildung. Die steigende Teilnehmerzahl bei diesen Veranstaltungen zeigt den wachsenden Erfolg, das ist keine Eintagsfliege! Und: Es war uns immer wichtig, dass wir nicht mit Fachleuten, Direktoren und Politikern über die Pflege sprechen, sondern dass unsere Veranstaltungen den Charakter eines Treffens der Pflege selbst sein sollte und Pflegende aus unterschiedlichen Kontexten selbst zu Wort kommen und ins Gespräch gebracht werden. Im Sommer 2021 haben wir einen großen Festakt in der Bezirksregierung ausgerichtet und alle Belegschaften der Pflegeeinrichtungen unserer Stadt mit einem besonderen, von dem bekannten Designer Dieter Sieger gestalteten Pflegepreis gewürdigt und stellvertretend für die Stadtgesellschaft Dank zum Ausdruck gebracht. Das vorliegende Buch unseres „Domfreundes" Norbert Nientiedt entspricht genau dieser Motivation. In unzähligen Gesprächen hat er Pflegende selbst zu Wort kommen lassen und das dabei Erfahrene in packenden Erzählungen literarisch verdichtet. Wenn man miteinander teilt, was einen persönlich bewegt, kommt zur Daseinsvorsorge und Daseinsfürsorge auch noch Daseinsseelsorge hinzu. Insbesondere dafür ist Norbert Nientiedt Experte. Danke für diese Beiträge und viel Freude beim Lesen!

Dr. Stefan Nacke MdB
Vorsitzender der Domfreunde. Die Münsterinitiative

Mostafa Othman
Auszubildender zum Pflegefachmann

Pflegende Menschen im brennenden Aleppo als Vorbild

In seiner Heimat Syrien genossen Soldaten allerhöchstes Ansehen. Menschen, die in der Pflege arbeiteten, wurden dagegen eher bemitleidet. Im brennenden Aleppo, wo die russische Luftwaffe ein wahres Inferno anrichtete, wurden Menschen, die unter Todesgefahr die Verwundeten pflegten, zu den wirklichen Helden. Heute hat Mostafa sich der Pflege mit großer Leidenschaft verschrieben. „Ich kann stundenlang zuhören, wenn traumatisierte Menschen anfangen in einer ‚Endlosschleife' zu erzählen", und berichtet mir von einem 95-jährigen Patienten auf seiner Pflegestation, einem Deserteur aus dem 2. Weltkrieg, den er bewundert und der für ihn zum Freund wurde.

Bevor Mostafa über ein europäisches Programm den Weg nach Nottuln fand, machte er auf seiner Flucht über die Türkei nach Griechenland schlimme Erfahrungen. Mit seiner Schwester musste er über fünf Monate unter einer für den Verkehr gesperrten Brücke leben und mit zwölf

Stunden schwerster Arbeit verdiente er lediglich zwanzig Euro. Dank großer Energie und seinem unbändigen Willen schaffte er in Münster über das Bildungsinstitut „Sprache und Pflege" den erweiterten Hauptschulabschluss und verbesserte seine Deutschkenntnisse in Rekordzeit. Heute habe ich ihn in das Marktcafé vor dem Dom eingeladen. Es ist unangenehm laut mitten in Münster; die Menschen versuchen mit ihren Stimmen die Glocken zu übertönen, und der Straßenverkehr tut sein Übriges. Dennoch empfinde ich es als äußerst angenehm, Mostafa zuzuhören. Ruhig und in bestem Deutsch spricht er davon, dass er die deutschen Klassiker, ja besonders Goethes Briefe, mit größtem Vergnügen liest und sich an der altertümlichen Sprache erfreut. Er wandert und joggt häufig sehr weite Strecken, hat Freunde gefunden und spielt gerne Schach mit ihnen, aber auch mit Patient*innen. Es erstaunt mich sehr, was er von seiner Arbeit in der Psychiatrie im Alexianer-Campus berichtet. „Besonders mit schwer traumatisierten und depressiven Menschen arbeite ich gerne, da sie mich an Syrien erinnern", versichert er überzeugend. Ich nicke und er ergänzt etwas verlegen: „Oft sagen mir diese Patient*innen auch, dass sie das Gefühl haben, ich könnte ihnen helfen, weil ich unendlich zuhöre und sie sich verstanden fühlen." Voller Bewunderung versichere ich ihm: „Du kannst darauf stolz sein, und ich kann kaum glauben, dass Du noch im ersten Jahr der Ausbildung zum Pflegefachmann bist." Mostafa wird leicht rot und berichtet von seinem Traum, später noch Pflegepädagogik zu studieren.

Jetzt möchte ich aber wirklich wissen, was ihn so selbstbewusst macht. Er zögert nicht lange: „Lesen ist der Schlüssel zu allem!" Wieder nicke ich zustimmend und frage ihn: „Was liest du denn zurzeit?" „‚Das Schneckenhaus' von Mustafa Khalifa. Ich kann mich in dem Roman ebenso wiederfinden wie in der Comedy von Kaya Yanar, denn der hat die wunderbare Gabe, kulturelle Unterschiede nicht als Ursache für Konflikte, sondern als Zugewinn und Bereicherung zu vermitteln." Ich kann nur darüber staunen, dass dieser bescheidene, gebildete und authentische junge Mann erst vor kurzer Zeit, ohne jeglichen Besitz und ohne Deutschkenntnisse, aus der Hölle des Krieges in das beschauliche Münsterland kam. Voller Anerkennung erzähle ich ihm von der Postkarte, die ich seit langem im Fenster meines Arbeitszimmers hängen habe. Sie zeigt nur einen Satz: „Lesen gefährdet Dummheit!" Mostafa klatscht begeistert Beifall. Wir sprechen noch ein wenig über die zahlreichen Bücher, die er in kurzer Zeit in Deutschland gelesen hat, dann bitte ich die Kellnerin um die Rechnung. Ein letztes Mal heute verblüfft mich dieser Mensch, der so ein immenser Zugewinn für unsere Gesellschaft und natürlich auch insbesondere für die Pflege in Deutschland ist: „Herr Nientiedt, ich übernehme das", erklärt er bestimmt. Ich spüre, Widerspruch könnte ihn kränken. In gegenseitiger Sympathie verlassen wir diesen schönen Ort.

Magnus Engeln
Pflegekraft auf der Intensivstation

Menschen pflegen, das ist meins

Auf der Intensivstation eines Krankenhauses kommt es regelmäßig vor, dass Patient*innen in ein künstliches Koma gelegt werden. Sie erhalten dazu so starke Schlafmittel, dass sie maschinell beatmet werden müssen. In diesem Zustand sind Menschen vollumfänglich auf kompetente Unterstützung durch Pflegekräfte angewiesen. Mit Ausnahme der Herz-Kreislauf-Funktion sind die allermeisten körperlichen Funktionen, die für die Durchführung der täglichen Aktivitäten des Lebens erforderlich sind, mehr oder weniger ausgeschaltet.

So erging es auch Herrn Friedrich, der als starker Raucher mit einer chronischen Atemwegserkrankung und einer Lungenentzündung mit hohem Fieber auf die Intensivstation aufgenommen wurde. Da seine Atmung immer schlechter wurde und er zunehmend unter Luftnot litt, hatte er einer künstlichen Beatmung zugestimmt. Über mehrere Wochen habe ich ihn als Pflegekraft überwiegend im Nachtdienst eng betreut. Bei Personen im künstlichen Koma muss man immer davon ausgehen, dass sie trotz der starken Medikamente von ihrer Umgebung das ein oder andere mitbekommen. Daher habe ich viel mit Herrn Friedrich gesprochen und ihm sämtliche pflegerischen Maßnahmen, die ich durchführte, angekündigt und erklärt.

Dem Patienten ging es in den ersten zwei Wochen der Beatmungsphase sehr schlecht. Gemeinsam mit einer zweiten Pflegekraft haben wir Herrn Friedrich regelmäßig gelagert und auch auf den Bauch gelegt. Das ist mit den ganzen Schläuchen und Kabeln immer eine größere Herausforderung, aber es hat sich gelohnt. Mit der Zeit machte er kleinere Fortschritte, sodass er eine günstige Prognose hatte, aus dem künstlichen Koma erwachen zu können und wieder selbst zu atmen.

Nach einigen Wochen dieser intensiven Betreuung stand mein eigener Sommerurlaub an. An meinem ersten Arbeitstag nach dem Urlaub ging ich wie gewohnt ins Krankenhaus und traute meinen Augen kaum. Herr

Friedrich saß im Rollstuhl vor dem Krankenhaus und genoss das gute Wetter. Ich ging auf ihn zu, sprach ihn an und sagte: „Hallo, guten Tag Herr Friedrich. Wie geht es Ihnen?" Herr Friedrich schaute mich mit großen Augen an und entgegnete sichtlich irritiert: „Wer sind Sie? Kennen wir uns? Ich habe Sie noch nie gesehen, aber Ihre Stimme kommt mir unglaublich bekannt vor." Ich erklärte ihm, dass ich ihn über Wochen im Rahmen seines künstlichen Komas auf der Intensivstation betreut hatte und heute den ersten Tag aus dem Urlaub zurück sei. Herr Friedrich war immer noch irritiert und versicherte, er könnte sich an nichts erinnern, aber meine Stimme käme ihm sehr vertraut vor.

Für mich persönlich war das ein besonderes Erlebnis, und ich habe nie vergessen, wie wichtig und sinnvoll meine Aufgabe als Pflegekraft auf der Intensivstation war. Ohne diese enge kompetente Begleitung hätte Herr Friedrich die schwere Lungenentzündung möglicherweise nicht überlebt.

Petra Aykin
Altenpflegerin

Der Regenschirm mit den drei Dackeln

Schon seit Kindheitstagen war es mein Herzenswunsch, Menschen zu pflegen. Als ich in der Ausbildungszeit schwanger wurde, war es schön und wichtig, die Kinder groß zu ziehen. Später habe ich beide Elternteile gepflegt. Trotz fortgeschrittenen Alters habe ich mir dann aber doch noch meinen Traum erfüllt und das Examen zur staatlich anerkannten Altenpflegerin geschafft. Endlich erlebte ich mich wieder als Petra und mit viel Arbeitsfreude widmete ich mich den Bewohnerinnen und Bewohnern im Haus Simeon.

Eines Tages kam Frau Görke (Name geändert) direkt aus dem Krankenhaus zu uns. Die Angehörigen hatten ihre Wohnung bis auf materielle Wertsachen wie Schmuck entrümpelt. Scheinbar wertlose Erinnerungsstücke wie Häkeldeckchen, Möbel mit erheblichen Gebrauchsspuren und „Nippes" wurden aussortiert. Frau Görke sprach wochenlang mit niemandem, auch nicht mehr mit den eigenen Kindern. Ich spürte ihre Verletztheit und mit ihrem Blick erreichte mich eine unsagbare Leere, wenn ich in ihr Zimmer kam.

Irgendwann und irgendwie muss sie wohl gespürt haben, was ich empfinde. An einem Montagmorgen brach sie ihr Schweigen und verriet mir unter Schluchzen, dass sie doch so gerne ihren Regenschirm mit den drei Dackeln wieder haben möchte. Ihr verstorbener Mann hatte einst Bilder von den geliebten drei Dackeln auf einen Regenschirm drucken lassen. Damit war für sie die Erinnerung an ihren Mann und die Hunde immer greifbar gewesen. Dieser Regenschirm aber war, wie auch andere Erinnerungsstücke, einfach entsorgt worden.

Ich versuchte nun bei jedem Gespräch mit den Angehörigen ein Bewusstsein dafür zu schaffen. Sie verstanden es zunächst nicht. „Das Zimmer im Heim ist doch viel kleiner und wir mussten zwangsläufig reduzieren...der Schmuck und die Wertsachen sind doch noch da." Nur allmählich und nach längeren Gesprächen erkannten zuerst die Enkel von Frau Görke: „Der olle Regenschirm mit den drei Dackeln, den hat Oma doch immer so geliebt." Für die Kinder war sofort klar, dass in dieser neuen Lebenssituation eben Erinnerungswerte – gegenüber materiellen Werten – erheblich an Gewicht gewinnen.

Die Sprachlosigkeit von Frau Görke löste sich allmählich auf, und als der kleine Benjamin ein Foto vom Regenschirm mit den drei Dackeln in einer alten Zigarrenkiste gefunden hatte, war die Welt wieder in Ordnung. Ich konnte mich endlich so richtig freuen, wenn ich in Frau Görkes Zimmer kam.

Mari Suppert
Pflegehilfskraft

Menschen können länger leben, wenn man anders mit ihnen umgeht!

Sogar Bewohner*innen, die Mari nicht aus der Betreuung bzw. eigenen Pflege kennen, rufen laut im Speisesaal des Pflegeheims: „Da kommt unser Goldkind!" Heute sitze ich am gelben Tischchen vor der „Penaten-villa" (kleines Gartenhaus) mit Mari Suppert. Die 20-Jährige erscheint mir mit ihrer natürlichen Fröhlichkeit, dem offenen Blick und ihren strahlenden Augen auf den ersten Blick tatsächlich wie ein „Goldkind". Dass man ihr erst gestern Schlüssel, Handy und mehr auf der Münsteraner Promenade gestohlen hat und all den Ärger im Anschluss, lässt sie sich nicht anmerken. Ich möchte ergründen, was diese junge Frau stark gemacht hat. Ihre Eltern haben sicher ein gutes Fundament dafür gelegt. Die Mutter arbeitet beim Hilfstelefon „Gewalt gegen Frauen", der Vater leitet eine Station in der Neurologie. Mit 18 Jahren entdeckte Mari im Freiwilligen Sozialen Jahr ihre Freude daran, alte Menschen wieder mehr Teilnahme am Alltag zu ermöglichen. Nach einem halben

Jahr in der Betreuung arbeitet sie jetzt seit acht Monaten in der Pflege des Alloheims.

Auf meine Frage, was sie bewogen hat, in die Pflege zu gehen, muss sie nicht lange nachdenken. Das Hörspiel „Fröhliche Demenz" aus der ARD-Mediathek habe sie nachhaltig inspiriert. Ihr Fazit daraus: „Menschen können länger leben, wenn man anders mit ihnen umgeht!" In der nächsten halben Stunde veranschaulicht sie mir mit vielen Beispielen, wie sie versucht dies umzusetzen. Einmal weinte sie Freudentränen, als es ihr gelang, einer dementen und nach einem Schlaganfall verstummten Frau wieder Worte zu entlocken, ja sie sogar zum Lachen zu bringen. Mari hatte ihr viel Zeit geschenkt, mit ihr gesprochen, gesungen und selbst mit ihr getanzt, bis endlich Reaktionen kamen. Auch nach dem neusten epileptischen Anfall huscht ein Lächeln über ihr Gesicht, wenn sie Maris Namen hört. Mari bezeichnet sich als nicht religiös, achtet den Glauben der Bewohner*innen jedoch sehr. Bei der tiefgläubigen Frau R., die jetzt 103 Jahre alt ist und mit 101 Corona besiegte, führte ihr besonderes Engagement dazu, dass die Angehörigen großes Vertrauen fassten. Sie geht mit den Bewohner*innen häufig in den Garten, bereitet ihnen das Essen so zu, wie sie es möchten, hört oft einfach nur zu, hält die Hand und nimmt ihre individuellen Wünsche wirklich ernst. Letztlich nimmt Mari sich einfach mehr Zeit für sie. Natürlich setzt der Pflegealltag ihr Grenzen, aber den Spielraum will sie unbedingt ausschöpfen.

„Was macht Dir selbst denn besonders Freude an der Arbeit?", frage ich sie. Ihre überzeugende Antwort: „Wenn ich es schaffe, bei der Körperpflege die Haare und das Gesicht so aufzuhübschen, dass mit Stolz in den Spiegel geschaut und neues Selbstbewusstsein gewonnen werden kann." Ich bin berührt und mit Gedanken an die Arbeit ihrer Mutter wage ich es, die sensible Frage nach sexuellen Übergriffen zu stellen. „Ja, auch das gibt es", sagt sie sofort und bringt das Beispiel eines Mannes, der körperliche Defizite vortäuschte, um Kolleginnen in sein Zimmer zu locken und sich plötzlich vor ihnen zu entblößen. Er ist nicht einmal davor zurückgeschreckt, körperliche Gewalt anzuwenden. „Wie schützt du dich?" „Schon früh habe ich etwas für meine Fitness getan, habe neun Jahre im Verein Fußball gespielt und beim Judo gelernt, mich zu verteidigen. Es gibt in der Pflege leider hin und wieder Menschen, die versuchen im Pflegealltag ihre körperliche Nähe zum Personal ausnutzen. Da ist es wichtig früh und deutlich Signale zu senden, dass man sich wehren kann." „Leidet nicht auch der Spaß am Beruf darunter?" Sofort und energisch widerspricht Mari : „Nein! Die Dankbarkeit von Bewohner*innen ist eine differenzierte Währung. Worte, Gesten, Gesichtsausdrücke, ein sanftes Lächeln, das Drücken meiner Hand, die neuentdeckte Freude, am Leben wieder teilnehmen zu wollen und viele mehr." Sie zögert ein wenig und ich ermuntere sie, mir eine davon zu beschreiben. „Das war der Tod von Frau L. Die gläubige Frau sprach häufig darüber, schuldig zu sein. Ihr gesamter Sterbeprozess war davon geprägt, sie machte es sich selbst schwer, die letzte Schwelle zu übertreten. Immer wieder sprach sie – leiser und leiser – von ihrer Schuld. Ich setzte mich so oft ich es eben konnte an ihr Bett, erinnerte sie an ihren Glauben und versicherte ihr: ‚Du hast keine Schuld, Du bist doch ein Kind Gottes. Er wartet auf Dich.‘ Ich habe leise mit ihr gesungen und immer wieder versichert, dass sie erwartet wird, keine Schuldgefühle mehr haben muss und gehen darf. Als sie schließlich friedlich verstorben ist, habe ich ein tiefes Gefühl von Dankbarkeit empfunden, dass all das Unangenehme in diesem Beruf hundertfach aufwiegt." Von diesem Statement mehr als beeindruckt sage ich dem „Goldkind" am Ende unserer Begegnung nur ganz schlicht: „Dankeschön!"

Niko Kefaleas
Auszubildender als Pflegefachmann im Klarastift in Münster

Nessun Dorma im Klarastift

Herr Vornholz ist seit vielen Jahren dement und fordert mich häufig über das normale Maß hinaus. Seine allseits bekannte schlechte Laune wäre noch nicht das Problem, aber gerade bei vielen ganz normalen Tätigkeiten wie der Körperpflege ist er zumeist höchst unkooperativ. Wenn es ganz schlimm wird, verweigert er jegliche Mitarbeit, stellt sich in die Mitte des Raums und singt eine Opernarie. Fast immer ist es „Nessun Dorma", die Arie, mit der Paul Potts vor einigen Jahren eine britische Casting-Show gewann und den er stets zu imitieren versucht. Leider unterscheidet sich diese Musik drastisch von meiner bevorzugten Musik. Und er singt zudem nicht nur sehr laut, sondern trifft auch die Töne kaum. Ich möchte natürlich meinen Kunden meinen Unmut nicht spüren lassen, was auch sehr unprofessionell wäre. Aber was sollte ich tun?

Nach langem Grübeln hatte ich eine Idee: Ich besorgte mir für kleines Geld eine gebrauchte CD mit den schönsten Opernarien. Während meiner Arbeit mit Herrn Vornholz lief ab sofort immer diese CD, allerdings eher leise. Mit einem Mal war Herr Vornholz wie ausgewechselt, in guter Stimmung und kooperationsbereit. Er erzählte in epischer Breite von den wunderbaren Reisen zu den größten Opernhäusern in Europa, die er mit seiner geliebten Frau vor langer Zeit gemacht hatte. Herr Vornholz weiß oft nicht, was vor zehn Minuten gewesen ist oder wo er etwas hingelegt hat, aber die Langzeiterinnerung an die schönen alten Zeiten, die funktioniert eben noch ganz gut.

Als seine Frau, die so oft kommt, wie sie eben kann, die positive Veränderung mit großer Freude bemerkte und von meiner Idee erfuhr, fragte sie mich nach meiner Musik. Bei ihrem nächsten Besuch präsentierte sie mir dankbar ein kleines Päckchen, das zwei Tonträger mit einer Musik enthielt, die ihren Mann wohl sofort wieder in schlechte Stimmung versetzt hätte, aber genau meinen Musikgeschmack traf: amerikanischer Rap von Mac Miller.

Silke Pelchen
Im Besuchsdienst des Evangelischen Krankenhauses
in Münster tätig

Pflege aus Sicht des Krankenhaus-Besuchsdienstes

Seit 2014 engagiere ich mich ehrenamtlich im Besuchsdienst des EVK Münster. Während dieser Zeit habe ich viele unterschiedliche Erfahrungen auf den Stationen bei den Patienten*innen und damit auch über die Pfleger*innen gesammelt.

Es ist Aufgabe des Pflegepersonals, alles für die Gesundung der zu behandelnden Personen auf der Station zu tun. Der Krankenhausbetrieb ist ein komplexes Räderwerk, das seit Frühjahr 2020 durch das Corona-Virus stark beeinflusst wird. Das Pflegepersonal ist dadurch noch stärker unter Druck. Und die Pfleger*innen sind unterschiedliche Persönlichkeiten mit privaten Sorgen und können selbst erkranken, wodurch es zusätzlich zu Engpässen kommt. Zudem haben sie durch ihre Tätigkeit ein erhöhtes Ansteckungsrisiko.

Das Krankenhaus will das Bestmögliche für seine Patient*innen und vielen Menschen helfen. Unter Umständen kann es auf den Fluren und in der Nacht laut werden, und so kann der Schlaf einiger Patient*innen gestört werden. Während der Nacht sind die Stationen weniger stark besetzt als tagsüber, deshalb ist es manchmal nicht zu vermeiden, dass Patient*innen warten müssen, bis ihre Anliegen erfüllt werden. Dazu kommt, dass das Pflegepersonal sich an die ärztlichen Anordnungen halten muss und somit nur das angegebene Schmerzmittel verabreichen darf.

Dreimal am Tag ist Schichtwechsel, der hat dann eine sehr hohe Priorität, um eine gute Versorgung der Kranken zu gewährleisten. Das Personal der neuen Schicht kann z.B. witterungsbedingt zu spät kommen oder durch eigene Krankheit ausfallen. Dann beginnt die erste Herausforderung für die neue Schicht, den normalen Arbeitsablauf im Sinne der Patienten*innen zu organisieren.

Das Pflegepersonal begleitet Azubis, Praktikant*innen oder Pflegeschüler*innen, die den Pflegeberuf erlernen möchten, das kostet zusätzlich Zeit und manchmal auch Nerven.

In der Pflege arbeiten Frauen und Männer aus vielen Ländern, die das Beste für die Patienten*innen möchten. Für manche älteren Damen ist es immer noch gewöhnungsbedürftig, dass sie auch von Männern gepflegt und versorgt werden (auch in intimen Bereichen).

Der Kranke steht für unser Personal im Mittelpunkt, aber im Tagesbetrieb geht es oft stressig zu, wenn z. B. ein Patient abgeholt wird für die Reha, die verordneten Untersuchungen begleitet werden müssen oder das ärztliche Fachpersonal bei der Visite unterstützt werden muss. Auch dadurch kann nicht jeder Wunsch nach jedem Klingeln sofort erfüllt werden.

Das Pflegepersonal freut sich, wenn es den Patienten*innen besser geht, aber auch über einen gegenseitigen guten Umgangston. Abhängig von der Persönlichkeit oder dem Stresslevel kann sich dies kurzfristig ändern.

Ich habe dies alles in meinen vielen Gesprächen mit den Patient*innen erfahren und dadurch kann ich manche „Beschwerden" direkt im Gespräch ein wenig anders einordnen und manchmal die Wogen auch glätten. Das Krankenhauspersonal kann ich nur bewundern, wie die verschiedensten Herausforderungen bewältigt werden, und ich kann die Forderungen nach mehr Anerkennung und besserer Bezahlung sehr gut verstehen. Aufgrund von Personalmangel mussten bisher bereits nicht selten einzelne Stationen geschlossen werden und diese Lage spitzt sich weiter zu.

Jens Nientiedt
Pflegefachmann auf der Palliativstation
im Herz-Jesu-Krankenhaus, Münster-Hiltrup

Lachen baut Stress ab

Als Pflegefachmann arbeite ich im Herz-Jesu-Krankenhaus auf der Palliativstation. Hier ist es besonders wichtig, den Patient*innen und deren Angehörigen vertrauensvoll und mit Respekt zu begegnen. Meine Geschichte handelt so zugleich von Vertrauen und Intimität.

Jeder weiß, wie wichtig eine regelmäßige Verdauung ist. Gerade im Krankenhaus ist dieser Aspekt ein großes Thema, denn plötzlich ist alles anders: Es gibt weniger körperliche Bewegung, das Essen wird anders zubereitet und es kommen vielleicht Medikamente hinzu, die den Darm träge machen. Dieses Thema kann für einzelne Patient*innen verständlicherweise sehr unangenehm sein. Zu meiner morgendlichen „Weck-Visite" erkundige ich mich bei jedem Patienten und jeder Patientin auf unserer Palliativstation, wie es mit der Verdauung aussieht. Herr Sommer ist schon mehrere Male bei uns gewesen. Aktuell ist er in einem geschwächten Zustand, kann aber alleine über den Flur gehen und sich noch selbständig pflegen. Nach Rücksprache mit ihm ist für heute wieder eine „größere Sache" geplant – ich werde einen Einlauf verabreichen, welcher eine gründliche Entleerung des Enddarms zur Folge hat. Vorher bespreche ich alles noch einmal mit dem Patienten. Als Kleidungsschutz rate ich ihm, eine Schutzhose aus dem Krankenhaus anzuziehen sowie eine Vorlage zu verwenden. So ist erstens der Kleidungsschutz gegeben und zweitens, wenn es schnell gehen muss, gibt es ein bisschen mehr Zeit, um entspannt das WC aufsuchen. Ganz überraschend für mich stimmt Herr Sommer heute sofort zu: „Auf Sie werde ich jetzt immer hören!" Er erinnerte sich offenbar noch genau daran, dass es beim letzten Mal doch sehr schnell ging. Zu schnell. Damals eilte er durch das Zimmer in Richtung Flurtür, um die Toilette aufzusuchen, bog zu schnell um die Ecke, stürzte dabei zu Boden und da war es auch schon passiert. Das Schlimmste für ihn aber war in diesem Moment nicht das Malheur selbst, sondern dass gerade die Oberarztvisite stattfand und alles im Beisein des Oberarztes, des Stationsarztes und des Pflegepersonals geschah.

Ich spüre, was für eine peinliche Situation es für ihn gewesen sein muss und versuche dies mit einem Scherz abzumildern: „Herr Sommer, hier darf so etwas immer passieren. Wir müssen doch mal etwas haben, das unseren Alltag bunter macht.“ Er schaut mich jedoch irritiert an und obwohl wir beide nicht nur in Fußballfragen (er ist Bielefeld- und ich bin Preußenfan) sehr unterschiedlicher Meinung sind, hebt er bedeutungsvoll an: „Egal, ab jetzt werde ich immer auf das Pflegepersonal hören.“

Natürlich ist mir klar, dass dieses Versprechen nur bis morgen früh gelten wird, denn bei bestimmten Tätigkeiten in der Pflege fällt es ihm erfahrungsgemäß schwer, die Regeln einzuhalten. Dennoch stimme ich ihm mit großer Gestik zu, hebe den Daumen und sage feierlich: „Chapeau, Herr Sommer.“ Das aber hatte er durchschaut und so verfielen wir beide in ein großes Gelächter, von dem ich an diesem stressigen Tag noch lange profitiert habe.

Michael Roes
Leiter des Johannes-Hospizes in Münster

Das Hospiz ist eine Schule des Lebens

Ich treffe mich mit Michael Roes, dem Leiter des Johannes-Hospizes in Münster. In unserem Gespräch spüre ich, wie entscheidend es für ihn ist, ein Hospiz als Schule des Lebens zu verstehen. Wichtig ist ihm außerdem, dass sich Haupt- und Ehrenamtliche, also alle, die dort eine Aufgabe haben, von der Raumpflegerin bis zur Leitung, auf Augenhöhe begegnen.

Menschen, die sich im Sterbeprozess befinden, leben nicht selten wieder auf, wenn die Beziehungen zu den für sie wichtigen Personen, meist die Angehörigen, von den medizinischen, pflegerischen und organisatorischen Aufgaben entlastet werden, von denen sie zu Hause überfordert wurden. Diese Überforderung überträgt sich auf die Sterbenden. Unerwartet entsteht dann mit der Aufnahme in ein Hospiz wieder Nähe. Michael Roes beschreibt dies so: „Das ist wie eine Ernte nach den vielen durchlittenen Belastungen." Wie sich der Wunsch nach Selbstbestimmung äußern kann, zeigt er an einem Beispiel: „Ein Bewohner wollte sich und uns unbedingt beweisen, dass er seine Schmerzen ohne Medikamente aushalten kann. Wir mussten lernen, das zuzulassen und auszuhalten. Herr Nientiedt, haben Sie schon einmal am Bett eines Patienten gesessen, der sich bewusst gegen Schmerztherapie entschieden hat? Ich kann Ihnen sagen, es ist die Hölle. Und selbst wenn wir es nicht gut finden, es ist seine Entscheidung, sein Wille."

Ich schlucke etwas und bitte Herrn Roes von einem Erlebnis zu erzählen, bei dem es anders war, das vielleicht sogar Freude bereitet hat. Er schmunzelt ein wenig und berichtet von Herrn Werning, der zwei Partnerinnen hatte, die aber nichts voneinander wussten. „Das ganze Team hat mitgespielt, damit er bis zu seinem Tod sein bis dahin unentdecktes Doppelleben weiterleben konnte. Seine zweite Partnerin kam meist erst nach 22 Uhr ins Haus. Er wollte, dass sie sich ebenso wie seine Ehefrau am Totenbett von ihm verabschieden konnte - auch das ist uns gelungen. An diesem Beispiel wird vielleicht deutlich, auf welch schmalem Grat wir manchmal unterwegs sind und was es bedeuten kann, das Vertrauen der Hospizbewohner*innen zu haben."

Ich frage ihn, welche Rolle die Ehrenamtlichen im Hospiz spielen. Herr Roes setzt sich gerade hin und ich spüre, das ist ihm wichtig: „Herr Nientiedt, das Ehrenamt ist Kern und Ursprung der Hospizarbeit. In ihr wird die gesellschaftliche Bedeutung sichtbar. Und wir müssen uns darüber im Klaren sein, es muss natürlich ebenso bezahlt werden." Er macht eine kleine Pause und fügt hinzu: „Nur in einer anderen Währung: Fortbildung, Feiern, Feste, Würdigungen, Integration, Sichtbarmachen der Bedeutung und, wie bereits erwähnt, Augenhöhe." Ich denke noch darüber nach, als er hinzufügt: „Wir haben hier einen bunten Strauß ehren- wie hauptamtlich Mitarbeitender, sodass die Bewohner*innen eigentlich immer jemanden finden, dem sie sich anvertrauen können, die Kernkompetenz, die wir haben müssen, vorausgesetzt." Ich lächele ein wenig und ergänze: „Ich habe heute verstanden, Herr Roes, dass ein Hospiz nicht nur einen Versorgungsauftrag hat. Es will und soll im Sinne eines gesellschaftspolitischen Auftrages im bildlichen Sinne eine Schule des Lebens sein. Leben bedeutet Sterben, umgekehrt ist ein Sterbender bis zuletzt sehr lebendig, u.a. in Form seiner Wünsche und Bedürfnisse. So ist Sterben etwas sehr Normales. Und für das Hospiz bedeutet das, auch wenn der Tod allgegenwärtig ist, muss Lebensfreude nicht außen vor bleiben. Sie ist hier in allen Räumen und durch vielen schönen und sinnlichen Gestaltungselemente regelrecht zu fühlen."

Als Herr Roes zum Abschluss eine Angehörige zitiert, wird dies für mich sehr anschaulich: „Herr Roes, ich traue mich kaum, es Ihnen zu sagen, in der Zeit, als mein Mann im Hospiz war, und wir ihn bis zum Tod begleitet haben, ging es mir richtig gut!"

Sabina Krappmann-Klute
Krankenschwester

Jeder Tag ist spannend und interessant

Ich stehe vor dem Haus und sehe bunt bemalte Holzluftballons mit den Namen von Kindern an der Tür und einen Knochen für den Hund. Nach der freundlichen Begrüßung reicht mir beim Gang durch die Wohnung und in den Garten ein kurzer Blick. Bilder und Erinnerungsstücke, gerahmte Fotos, eine kaum zählbare Spiegelflut (mehr als 300) und vor allem viele Bücher (allein alle Titel aus der Insel-Bücherei) zieren die Wände dieser Wohnung. All dies erzählt von prallem Leben, von Kindern und Tieren, aber vor allem von einer überbordenden Gastfreundschaft. Umso gespannter bin ich auf meine Gesprächspartnerin, die lange Pflegefachfrau bzw. Krankenschwester war und nun als stellvertretende Pflegedienstleiterin arbeitet. Ihre Eltern glaubten früh, dass sie das Zeug zur Ärztin hat. Sie aber war sich von Anfang an sicher, dass sie Krankenschwester werden wollte und hat diesen Beruf 40 Jahre lang ausgeübt. Sie legt Wert auf diese Berufsbezeichnung, die sie für sich der „Pflegefachfrau" vorzieht. „Die Krankenschwester ist nicht nur für die Kompressionsstrümpfe da, sie will nicht nur den Fuß pflegen", erklärt Frau Krappmann-Klute im Brustton der Überzeugung und führt anschaulich und überzeugend aus, dass es ihr immer um den ganzen Menschen ging und geht. Um den Menschen, der sprichwörtlich in seiner Not nackt werden kann. Sie veranschaulicht das an zahlreichen Beispielen aus ihrer Zeit in der Psychiatrie. Distanz zu Patienten*innen ist ebenso gefordert wie menschliche Nähe – beides muss sorgfältig austariert werden. Für Frau Krappmann-Klute gilt dies ebenso in der ambulanten Pflege. Ich gebe zu bedenken, dass der Pflegeplan nur kurze und festgeschriebene Zeiten vorsieht. Damit habe ich offenbar in ein Wespennest gestochen. „Meine Arbeitgeber haben mich noch nie auf zu viel gebrauchte Zeit angesprochen. Da habe ich vielleicht Glück gehabt, oder sie haben es auch so gesehen," sagt sie mit einer gehörigen Portion Überzeugung und ergänzt: „In den knappen sieben Minuten, die laut Plan für die Basispflege vorgesehen sind, kann ich so viel sehen, wahrnehmen und fragen, dass ich befähigt bin, gezielte Vorschläge zur Verbesserung einer Pflegesituation zu machen."

Immer mehr spüre ich, diese Frau agiert in schwierigen Situationen kompetent und vertraut auf ihre Ausbildung und Erfahrung. Als ob Frau Krappmann-Klute meine Gedanken gelesen hätte, ergänzt sie vehement: „Das genaue Hinsehen und Wahrnehmen, das Hinterfragen und Nachfragen, das gezielte Forschen nach Ursachen ist unverzichtbar." Ich nicke und sie erläutert ihre Aussage mit einem Zitat von Cicely Saunders: „Jedes Symptom kann physische, psychische, soziale oder auch spirituelle Ursachen haben." Sie veranschaulicht das so: „Wenn ein Patient etwa sagt: ‚Das schnürt mir die Luft zu', oder: ‚Das ist zum Kotzen', dann forsche ich nach, was diese Bilder über den kranken Menschen offenbaren können!" In der Praxisbegleitung ihrer Schüler*innen war es ihr immer wichtig zu zeigen, wie sehr Erfolg oder Misserfolg genau davon abhängen. Mir wird deutlich, dass Frau Krappmann-Klute alle anderen immer ganzheitlich betrachtet, nicht nur kranke Menschen. Sie arbeitet außerdem für die Stadt Münster in der Notfallseelsorge. Von der Feuerwehr oder Polizei wird sie zu plötzlichen Todesfällen, bei Suizid, Verkehrsunfällen oder anderen schweren Unglücken sowie zum Überbringen von Todesnachrichten hinzugebeten. Ihre ganzheitliche Betrachtungsweise ist gewiss eine große Hilfe für diese bewundernswerte Arbeit. Mit ihrem Mann zusammen gibt sie „Letzte-Hilfe-Kurse". Die Krankenschwester mit palliativen Fortbildungen und der evangelische Pfarrer ergänzen sich dabei perfekt.

Ich möchte wissen, ob sie es nach so vielen Berufsjahren in der ambulanten Pflege als stellvertretende Pflegedienstleiterin jetzt anders, vielleicht ruhiger angehen lassen kann. Sie zwinkert mir zu: „Ich muss jetzt zunehmend mehr kaufmännische Gesichtspunkte berücksichtigen, und dann schaue ich, was zu machen ist. Ich arbeite bei der Diakonie, das heißt übersetzt: Dienst für hilfsbedürftige Menschen!" Sabina Krappmann-Klute bleibt sich und ihrer Denk- und Lebensweise treu, egal welche Arbeitsplatzbeschreibung gerade aktuell ist.

So möchte ich zum Abschluss unseres sehr angenehmen Gesprächs nur noch wissen: „Gibt es eine besondere Kraftquelle, aus der Sie schöpfen?" „Natürlich ist das zunächst mein Glaube," antwortet sie und ihre Augen beginnen zu leuchten, als sie mir verrät, dass sie Klarinette spielt und gerade ein ungewöhnliches Musikinstrument (Handpan, ein mit den Händen gespieltes Klanginstrument aus Blech) lerne. Ihre Stimme nimmt einen schwärmerischen Ton an: „Ich habe da einen sehr beeindruckenden Lehrer, er heißt Georg...", weiter kommt sie nicht, denn ich falle ihr ins Wort: „Das ist bestimmt mein Freund Georg Wierichs, der auf meiner Lesung im Franz Hitze Haus gespielt hat und den ich seit über 40 Jahren kenne!" Frau Krappmann-Klute nickt und ist offenbar ebenso erstaunt wie ich, was diese letzten 50 Minuten so alles offenbart haben. Auf dem Heimweg denke ich an andere Pfleger*innen, die auch Instrumente spielen und eine kleine Vision begleitet mich: Wie schön wäre es, wenn sich ein kleines „Pflegeorchester" bilden könnte?

Carolin Bylitza
Sie war Pflegerin auf einer Intensivstation und ist heute
Leiterin der Pflege auf der Kinderintensivstation im
Clemenshospital in Münster

„Mensch Mädchen, wie gut, dass Du da bist"

Herr Ivanovic war wirklich kein Patient, der es leicht hatte, und er machte es auch uns nicht leicht. Immer wieder gelangten Speisenreste in die Luftröhre und lösten damit Lungenentzündungen aus. Ein Luftröhrenschnitt wurde bei ihm schließlich unumgänglich. An die aufwendigen Hygienemaßnahmen konnte er sich einfach nicht gewöhnen und unsere medizinischen Hinweise setzte er nicht so um, wie es für ihn gut gewesen wäre. Dragan Ivanovic neigte sehr dazu, wütend zu werden, wenn es nicht so lief wie er wollte. Es dauerte oft nur kurze Zeit, bis er nach einer Entlassung wieder hier war. Oft hörte man ihn dann aus seinem Zimmer laut: „Zslatan!" rufen. Mein Kollege bat ihn beiläufig: „Dragan, ruf doch mal was anderes, zum Beispiel: ‚Carolin!'" Tatsächlich vernahm man jetzt aus einem Zimmer immer häufiger ein lautes: „Caaaaaaaarooooliin!" Vielleicht war das für mich der Anlass, einen neuen Weg einzuschlagen.

Ich nahm mir viel Zeit und ließ alle eigentlich notwendigen Ermahnungen und Hinweise einfach weg. Mit großer Offenheit fragte ich ihn stattdessen freundlich: „Herr Ivanovic, was möchten Sie, dass wir für Sie tun sollen?" Die medizinisch gebotenen Maßnahmen waren allerdings nur teilweise mit seinen Wünschen zu vereinbaren. Wir schlossen deshalb von jetzt ab immer wieder Kompromisse. Ich spürte, dass ich sehr viel Empathie investierte und meine Kolleg*innen fragte er nicht selten: „Wann ist Caro da?" Jetzt war es sogar möglich Tacheles mit ihm zu reden, ohne dass seine uns gut bekannte Wut ausbrach. Der Krankheitsverlauf schritt leider schnell voran und wenn ich es einrichten konnte, schaute ich nach ihm. Begrüßt wurde ich immer gleich: „Mensch Mädchen, Gott sei Dank, dass Du da bist!" Das „Mädchen" verbat ich mir ausdrücklich. Richtige Pflege zeichnet sich durch ein gut austariertes Verhältnis von

Nähe und Distanz aus. Er nahm das zur Kenntnis und beim nächsten Mal begrüßte er mich dennoch kaum verändert: „Mensch Mädchen, wie gut, dass Du da bist. Dem lieben Gott sei Dank!"

Patientennamen wurden aus Datenschutzgründen geändert

Susanne Zobel-Seick
Pflegefachkraft in der ambulanten Pflege

Tante Kuli ist glücklich und noch immer tot

Während meiner Zeit als ambulante Pflegefachkraft in der Diakonie hatte ich immer einen Traum: Ich wollte mich in einem kleinen Anbau an unsere Wohnung selbstständig machen und dort zwei Pflegeplätze mit Familienanschluss schaffen. Tatsächlich konnte ich meinen Wunsch verwirklichen und gründete mein eigenes kleines Pflegeheim, „Haus mit Garten". Wegen der schönen Palme im Wintergarten wurde es von den Kunden*innen auch „Urlaub unter Palmen" genannt.

Frau Kranewinkel (91) hatte ich vorher schon länger betreut, sie wurde die erste Bewohnerin im Haus mit Garten. Sie war eine äußerst willensstarke Persönlichkeit und wollte von meinen Kindern unbedingt mit „Tante Kuli" angesprochen werden. Frau Kranewinkel war sich ganz sicher, dass sie vor 60 Jahren einen Sohn zur Welt gebracht hatte und dass er nach der Geburt vertauscht worden war. Damals gab es noch nicht die Möglichkeit, dies mit einer DNA-Analyse nachzuweisen und so wurde sie schließlich Mutter einer Tochter. Die Hebamme hatte die Verwechselung immer bestritten.

Das Verhältnis war nie frei von Spannungen. Die Tochter sah weder ihr noch ihrem Mann ähnlich und unterschied sich vor allem in ihrem Wesen erheblich. Frau Kranewinkel war nicht nur eine willensstarke Person, sondern auch sehr offen, kommunikativ und stets freundlich. Ihre Tochter Gertrud dagegen war eher verschlossen und zeigte wenig Gefühle.

Nach einem der seltenen Besuche ihrer Tochter fand ich Frau Kranewinkel verstört, aufgeregt und fast wütend vor. Vermutlich hatte Gertrud wieder einmal auf ihre Vorstellung von der Nachlassregelung bestanden. „Ich will und werde das nicht noch einmal erleben!" sagte Frau Kranewinkel entschieden und im Nachhinein fast ein wenig prophetisch. Sie begann sich schlecht zu fühlen, baute in kurzer Zeit stark ab und starb nach nur einer Woche, obwohl sie zuvor nicht körperlich krank gewesen war.

Wir bahrten die Verstorbene unter der extra aus dem Wintergarten geholten Palme in ihrem geliebten Zimmer auf, sodass alle, die sie kannten, in Würde Abschied nehmen konnten. Bedenken gab es, als auch unser damals vier Jahre alter Sohn Georg verlangte: „Ich muss noch einmal zu Tante Kuli." Jemand wandte ein, er möge sie doch besser so in Erinnerung behalten, wie er sie gekannt hatte. Meine Erfahrung als Pflegerin war jedoch eine andere, denn wenn Kinder das so ausdrücklich wollen, haben sie auch die Kraft dazu. Georg ging in das Zimmer und als er zurückkam, meinte er in guter Stimmung: „Tante Kuli ist glücklich und noch immer tot.

Herbert Temmen
Krankenpfleger

Warum ich Krankenpfleger wurde

„Jeder Mensch, mit dem wir es hier im Krankenhaus zu tun haben, hat Angst. Er ist durch Krankheit aus seinem alltäglichen Lebensrhythmus herausgefallen. Unsere Aufgabe ist es, ihm die notwendigen Fähigkeiten wieder zu geben, damit er seinen Alltag wieder meistern kann!"

Das sagte 1984 eine Nonne zu mir, als ich meinen zweiten Tag im Pflegepraktikum hatte. Diese Worte sind mir immer im Gedächtnis geblieben und heute gebe ich sie an die Auszubildenden und jungen Ärztinnen und Ärzte weiter.

38 Jahre bin ich nun schon in der Krankenpflege tätig und ich habe es tatsächlich nie bereut. Gelernt habe ich in der Psychiatrie und anschließend war ich zwanzig Jahre auf einer großen interdisziplinären Intensivstation tätig. Seit zwölf Jahren bin ich in der Anästhesie.

Ich habe die Pflege stets als einen sehr vielseitigen Beruf kennengelernt. Man arbeitet mit vielen verschiedenen Fachbereichen zusammen. Ich habe mich nie ‚nur' als Pflegekraft gesehen, sondern auch als Seelsorger, Physiotherapeut und Vermittler zwischen Patient*innen, ärztlichem Fachpersonal und Angehörigen.

Der Beruf bedarf einer hohen Sozialkompetenz und Offenheit gegenüber Menschen und kranken Menschen im Besonderen. Kein Tag ist wie der andere, gerade auch in den Funktionsbereichen wie Notaufnahme, OP, Anästhesie und Intensiv. Ich habe im Beruf auch viel Anerkennung und Wertschätzung erfahren, besonders, wenn man in einem Team arbeiten darf, das sich gegenseitig trägt und in dem ein hervorragendes Arbeitsklima herrscht!

Mein Fazit nach 38 Jahren Krankenpflege: Ich würde es wieder tun!

Ute Wachsmann
Pflegefachfrau

„Wenn du in der Schule aufgepasst hättest, bräuchtest du heute alten Leuten nicht den Hintern abputzen"

Als ich nach 20 Jahren meine Schulfreundin Christa wiedersah und sie mir das so an den Kopf warf, schaute ich sie lange an, bevor ich antwortete: „Liebe Christa, du kannst dich bestimmt noch gut daran erinnern, dass ich in der Schule gute Noten hatte. Genau deshalb bin ich Pflegerin geworden!"

Seine Angehörigen sprachen immer nur von Opa Karl, als Karl Ostermann (85) in unser Heim kam. Sie bemitleideten ihn sehr, da er seit zwei Monaten auf einen Rollstuhl angewiesen war. Die Überraschung und Freude waren daher riesengroß, als seine Kinder und Enkel nach nur sechs Wochen feststellten, dass er Ressourcen zurückgewonnen hatte und ohne Rollstuhl wieder eine kleine Strecke bewältigen konnte. Wir hatten seinen Ehrgeiz geweckt, ihn gefördert und zugleich gezielt körperlich herausgefordert. Herr Ostermann nahm das ohne Probleme an und war deutlich stolz auf die zunächst kleinen und rasch immer größeren Fortschritte. Neben der normalen Pflege (an die Christa wohl dachte) hatten eben gerade die physiotherapeutischen Anwendungen Wirkung gezeigt.

„Pflege will aber noch mehr, will den ganzen Menschen fördern – auch in seiner Psyche," erklärte ich meiner Freundin und versuchte ihr das zu veranschaulichen: Vor den eigenen Kindern hatte Opa Karl sich immer sehr geschämt, wenn er etwas nicht mehr konnte. Es ist eine meiner Aufgaben, ihn dabei zu unterstützen, seine Selbstachtung zu bewahren oder zurückzugewinnen. Als er sich aufgrund seiner Inkontinenz eingenässt hatte, war ihm das ungeheuer peinlich. Er vermochte mich kaum anzuschauen. Ich erklärte ihm: „Herr Ostermann, ich bin froh, dass ich hier stehen darf und nicht in Ihrer Situation bin. Allerdings verdiene ich mein Geld damit, Ihnen gerade jetzt helfen zu dürfen, und Sie sollten versuchen, das deswegen als ganz normale Situation annehmen." Seine Erleichterung war ihm deutlich anzumerken. Er konnte mich ab diesem Moment bei meiner Arbeit wieder ansehen und mit mir zu schmunzeln, als mir der Waschlappen zweimal entglitt.

Meiner Freundin schien ihre Gedankenlosigkeit von vorhin nun leid zu tun und wir hatten noch einen wunderschönen Wiedersehensabend.

Niko Kefaleas
Auszubildender als Pflegefachmann im Klarastift in Münster

Stairway to Heaven

Wenn ich zu meinem Kunden Alfons Schulte Hillen komme, muss ich mich gegen die Trostlosigkeit wehren, die er und sein ganzes Zimmer ausstrahlen. Herr Schulte Hillen hat Multiple Sklerose und wurde über Jahrzehnte unter anderem mit schweren Schmerzmitteln behandelt. Diverse Abhängigkeiten kamen hinzu und Antidepressiva waren ebenfalls bald notwendig. Die Summe aller Medikamente und Psychopharmaka war kaum noch zu überschauen und so wurden nicht nur seine körperlichen Möglichkeiten stets geringer. Die Apathie, die er ausstrahlt, ist auch in der Einrichtung seines Zimmers spürbar. Einzig die alte silbrig-schwarze E-Gitarre ragt heraus und lässt ahnen, dass es bessere, ganz andere Tage gegeben haben muss.

Schon sehr lange hat seine Schwester eine Vollmacht, wenn es in medizinischer Hinsicht etwas zu entscheiden gibt. Beim Blick auf die alte E-Gitarre hatte ich eine Idee: „Sollten wir uns nicht einmal eine genaue Übersicht über alles verschaffen, was Ihr Bruder so zu sich nimmt und dann vielleicht in ganz kleinen Schritten reduzieren?" Sie war einverstanden, betonte aber, dass wir genau darauf achten müssen und ärztlich kontrollieren lassen, wie er damit zurechtkommt. Die Krankheit MS kennt normalerweise nur neue Schübe, die zwar unregelmäßig eintreten, aber stets zu einer Verschlechterung führen.

Mit den reduzierten Medikamenten schien er wie aus einem Dornröschenschlaf zu erwachen, wenn auch nur in mikroskopisch kleinen Schritten. Ab und zu stellte er jetzt Fragen und zeigte ein Interesse an seiner Umwelt, das vorher lange nicht mehr da war. An einem Mittwochmorgen sprach ich ihn direkt auf die E-Gitarre an und fragte ihn nach seinem Lieblingslied. Die Augen von Alfons Schulte Hillen bekamen ein wenig Glanz (oder bildete ich mir das nur ein?), er schaute zu mir hoch und sagte für seine Verhältnisse laut und deutlich: „Stairway to Heaven!" Erwartungsvoll gab ich ihm seine Gitarre und er versuchte wenig erfolgreich ein paar Akkorde darauf zu spielen. Diese für seine

Möglichkeiten enorme Verbesserung machte mich glücklich und sprachlos zugleich. Herr Schulte Hillen hatte das wohl bemerkt und fragte: „Niko, kennen Sie etwa Led Zeppelin nicht?"

Burkhard Nierhaus
Pflegefachkraft / Diakonie Münster

Pflege heißt für mich: „Mache vom Leben Gebrauch, solange es geht!"

Herr Nierhaus öffnet mir die Tür und sofort wird mir klar: Hier wird gelebt. Die Sonne durchflutet die Räume. Wir sitzen an einem mit Kaffee und Kuchen gedeckten, schönen Wohnzimmertisch, und doch wirkt es durch die großen Fenster, als würden wir direkt im Grünen sitzen. Ich schaue auf den wunderbar großen Garten und das selbsterrichtete Baumhaus. Überall erinnern Spielsachen und interessante Gegenstände daran, dass hier Kinder wohnen und sich wohl fühlen. Das Klavier, die vielen Musikinstrumente und die Kunst an den Wänden erzählen von meinem Gesprächspartner ebenso wie die Literatur im Bücherregal.

Am Ende unseres langen Gesprächs wird er sagen: „Pflege heißt für mich: Mache vom Leben Gebrauch, solange es geht!" Diese Aussage zieht sich wie ein roter Faden durch unser Gespräch. Schon mein erster Eindruck von diesem Mann deckt sich mit dieser Definition und seinen vielen Erfahrungen, die ich mich beeindruckt haben. Der

Einstieg in seine Biografie verblüfft mich: „Ich bin nicht für die Pflege geboren, bin dafür nicht begabt, kurz gesagt, ich kann kein Blut sehen." Ich muss etwas verwundert dreingeschaut haben, denn fährt er fort: „In der Pflege geht es nur im Team. Meine Kolleg*innen stehen mir immer zur Seite und ich übernehme für sie nun den bürokratischen Teil der Arbeit. Mein Vater war zwar Krankenpfleger, aber ich wollte eigentlich etwas ganz anderes. Ich sehnte mich nach einem anderen Leben, Lehrer wollte ich werden. Mein Vater aber nahm mich in der 11. Klasse von der Schule und schickte mich in die Krankenpflege. Dann kam mit 17 die Krebsdiagnose und ich wusste nicht mehr, ob ich noch leben wollte. Ich stand auf der Brücke und hatte Suizidgedanken. Erst nach der zweiten Großoperation nahm meine Gesundung Fahrt auf. Der Kontakt zu den Eltern wurde im Laufe der Zeit immer distanzierter und brach schließlich ganz ab. Das selbstgewählte Jurastudium beendete ich vor dem ersten Staatsexamen. Erst mit der eigenen Familiengründung erwachte der Kontakt zu den Eltern wieder. Es war gut, dass ich mich nach den ganzen Hindernissen schließlich doch für diesen wunderbaren Beruf entschieden habe. Die Erfahrung gebraucht zu werden, und dass ich den Menschen in der Pflege dieses Gefühl auch vermitteln konnte, machte mich stark. Jetzt konnte ich sogar das Angebot annehmen, die Pflegeleitung zu übernehmen.

Ich hatte in keiner Weise eine behütete Kindheit. Es ging früh darum, Geld zu verdienen. Schöngeistige Werte oder Bildung in ihrer ganzen Breite, all das war unwichtig. Was ich damals vermisste, konnte ich jedoch nun umsetzen. Ich erfuhr mit großem Glück, dass ich vielen Menschen das Gefühl von Geborgenheit, menschlicher Wärme, Vertrauen und auch körperlicher Nähe schenken durfte. Menschen nahe zu sein und gleichzeitig Distanz zu achten, das ist eine tägliche Herausforderung in unserem Beruf. Ich habe gelernt demütig zu sein und strukturelle Vorgaben nicht wichtiger zu nehmen als die Freiheit und den Willen der zu pflegenden Menschen. Gerade in der palliativen Pflege lernte ich konsequentes Zuhören, einfach anwesend zu sein und zu bleiben, wenn es wichtig ist. Die Entscheidung, ob das Bett jetzt gemacht werden muss, treffe nicht ich oder die Hausregeln, sondern der Mensch, für den wir da sind. Meine frühe Freude an Musik, Kunst und Literatur konnte ich nun beruflich zweifach nutzen. Nach den oftmals harten, aber zu-gleich schönen Anstrengungen eines Tages war es so leichter möglich den Akku wieder zu füllen. Es entstand so eine Stärkung durch genau jene Dinge, die mir in der Kind- und Jugendzeit verwehrt wurden. Und die Musik half mir ganz direkt, indem ich zur Geburtstagsfeier auf der Station die Ukulele mitnahm.

Jeder erfährt in diesem Beruf, wie gefährdet der Mensch ist, wie schnell das Leben am seidenen Faden hängen kann, und wie leicht die bedrückenden Situationen die eigene Psyche erreichen können. Das Leben ist dennoch schön und hält täglich neue beglückende Momente bereit; diese zu ermöglichen und mit den Menschen zu leben, das ist die große Aufgabe in der Pflege. Aus diesem Grund rufe ich allen zu, die sich für diesen Beruf interessieren: Helft mit, den Menschen zu ermöglichen, solange vom Leben Gebrauch zu machen, wie es eben geht, damit das Dunkle keine Oberhand gewinnen kann. Es wird euch ebenso erfüllen und stark machen, so wie es auch mich gestärkt hat!"

Susanne Zobel-Seick
Pflegefachfrau in der ambulanten Pflege

„Wo ist mein Bruder, Frau Vogelei?"

Frau Wiemeler ist schon seit drei Jahren auf häusliche Pflege angewiesen. Ihre Tochter hat sich ihrer Verantwortung praktisch völlig entzogen, achtet aber sehr darauf, dass ihr Bruder die Mutter pflegt und somit kein Geld für Pflegepersonal ausgegeben werden muss. Es ist offensichtlich, dass ihre seltenen Besuche eher der Kontrolle dienen. Das Erbe soll möglichst unangetastet bleiben.

Herr Wiemeler wollte allerdings endlich einmal einen kleinen Urlaub machen und bat mich, für diese Zeit die Pflege zu übernehmen. Er hatte mir den Hintergrund erklärt und so war ich vorgewarnt. Tatsächlich klingelte in dieser Zeit das Telefon, und seine Schwester meldete sich, um ihrem Bruder zu sprechen: „Wo ist mein Bruder und was machen Sie eigentlich da?" fragte sie mich schroff, und erfüllte damit genau das, was ich über sie gehört hatte. Noch bevor ich antworten konnte, erkundigte sie sich in einem unangenehmen Tonfall: „Habe ich Ihren Namen eben richtig gehört, Vogelei?" Erleichtert bestätigte ich den falschen Namen: „Genau Frau Wiemeler, vorne Vogel und hinten Ei." „Na gut", erwiderte sie, „damit kann ich ja über das Telefonbuch Ihre Adresse herausfinden, Sie werden noch von mir hören!"

Als ihr Bruder nach seinem Kurzurlaub zurückkam, war er erleichtert und ich heilfroh über den falsch verstandenen Namen. An das Verhalten seiner Schwester denke ich noch oft zurück, wenn ich Angehörige meiner Kunden*innen kennenlerne, die ähnliche Einstellungen vertreten.

Eva Homburg-Kleine*
Angestellte in der Pflegeaufsicht in Dortmund

Endlich zu Hause angekommen

Während meiner beruflichen Tätigkeit gehörte es zu meinen Aufgaben, bei Senior*innen die Notwendigkeit eines Umzugs in ein Seniorenheim zu prüfen. Es gibt Situationen, in denen Senior*innen dies wünschen – oder es nach Einschätzung der Bevollmächtigten besser tun sollten.

Eines Tages lernte ich in diesem Zusammenhang Frau Kleine kennen. Schon vor unserer ersten Begegnung erhielt ich wie üblich verschiedenen Informationen über ihre gesundheitliche und soziale Situation. Nach Sichtung der Unterlagen war ich sehr sicher, dass Frau Kleine nicht mehr in der Lage war, allein zu wohnen. Eine Unterbringung in einem Seniorenheim würde ihr eine bessere Versorgung, Sicherheit und Lebensqualität ermöglichen.

Von ihrer Familie war leider keine Unterstützung zu erwarten. Ganz im Gegenteil! Es war tragisch zu lesen, was diese Frau mitten in Deutschland erleben musste. Sie hatte jahrelang bei ihrem Sohn und seiner Familie gewohnt, bis sie unter schwierigen Bedingungen ausziehen musste. Zuletzt lebte sie allein in einer dürftigen Unterkunft und statt von ihren Kindern versorgt zu werden, wurde Frau Kleine das letzte Geld aus der Tasche gezogen, was ihr zur Versorgung und Pflege zur Verfügung stand. Man nutzte sie aus. Niemand von ihren Kindern kaufte regelmäßig für sie ein oder kümmerte sich um sie. Durch den Sohn wurde ihr sogar Vogelfutter zum Essen hingestellt, berichtete mir ein Sozialarbeiter.

Als ich Frau Kleine persönlich besuchte, traf ich sie im Seniorenheim, in dem sie nun seit zehn Tagen lebte. Eine zierliche, vom Leben gezeichnete, aber gepflegte Frau saß gemeinsam mit einer Pflegekraft in einem dürftig eingerichteten Zimmer vor mir. Sie war verängstigt und hatte befürchtet, dass ich ihren Heimplatz ablehnen würde. Aber das war gar nicht meine Absicht. Mir war es wichtig, Frau Kleine kennenzulernen. Und von ihr direkt zu hören, wie es ihr geht und was sie sich wünscht. Wir sprachen über ihre letzten Jahre, wie es ihr an den ersten Tagen im Heim ergangen war und ihre Dankbarkeit darüber. Und dann rollten bei ihr die Tränen, ebenso bei der Pflegerin. Diese setzte sich neben sie und hielt ihr die Hand. Es berührt mich bis heute, als die 80-jährige Dame daraufhin seufzte: „Endlich bin ich zu Hause angekommen!"

(*Die Daten zur Verfasserin wurden anonymisiert)

Jens Nientiedt
Pflegefachmann auf der Palliativstation im
Herz-Jesu-Krankenhaus in Münster-Hiltrup

Pico, der Held auf der Palliativstation

Auf einer Palliativstation liegen Patienten*innen, die schwerstkrank und an ihrem Lebensende angekommen sind. Diese Menschen sind häufig von ihrer schweren Erkrankung und dessen Therapien gezeichnet. Eine meiner Aufgaben ist es, für die Patienten*innen und vor allem auch für die Angehörigen da zu sein; für Gespräche und als Vermittler zwischen Hoffnung und Bangen.

Frau Huwe liegt schon seit mehreren Tagen bei uns auf der Palliativstation. Mit ihr zu sprechen ist schwierig, sie schläft immer wieder ein. Es scheint, als habe sie so kurz vor dem Tod keine Kraft mehr, sich mit mir oder ihren Verwandten zu unterhalten. Zu ihrem Sohn, der sehr regelmäßig zu Besuch kommt, habe ich mittlerweile eine gute Bindung aufbauen können. Wir zwei freuen uns immer, wenn wir uns sehen.

Frau Huwes Sohn ist dennoch traurig, denn er hätte es seiner Mutter gerne ermöglicht, zu Hause zu sterben. In einem unserer Gespräche erzählte er mir, dass Frau Huwe einen Hund besitzt, der bei ihr zu Hause auf sein Frauchen wartet. Mit großer Freude erläuterte ich ihm das besondere Konzept unser Palliativstation, bei dem sogar Haustiere zu Besuch kommen dürfen. Wir schmiedeten einen Plan, um seine Mutter aus der Reserve zu locken: Bei seinem nächsten Besuch wird er den Hund mitbringen. Gesagt, getan! Gemeinsam mit dem Sohn und Pico, dem Hund von Frau Huwe, gingen wir langsam durch die weiten Flure des Krankenhauses. Ich merkte, wie aufgeregt der Hund war. Als wir vor ihrem Zimmer standen und die Tür öffneten, gab es kein Halten mehr. Pico machte einen riesigen Satz und sprang in das Bett von Frau Huwe. Als er seinem Frauchen durchs Gesicht schleckte, war Frau Huwe wie durch ein Wunder sofort hellwach.

Ihre ersten Worte nach so vielen Tagen waren: „Jetzt habe ich gar kein Leckerli...." Das war für mich das Startzeichen; ich ging schnurstracks in die Küche und schmierte voller Liebe ein Leberwurstbrot. Frau Huwe war für diesen Tag wie ausgewechselt. Sie lag gemeinsam mit ihrem Hund im Bett und zusammen verputzten sie das Leberwurstbrot. Bei ihrem Sohn liefen Freudentränen über die Wangen – auch ich konnte diese jetzt nicht länger zurückhalten.

Anika Diederichs
Auszubildende zur Pflegefachfrau

Ich will bis zum Ende meines Lebens nichts anderes mehr machen

Im Café hinter dem historischen Rathaus in Münster bin ich mit einer Frau verabredet, die eine wahre Odyssee in unterschiedlichen Berufen hinter sich hat. Heute hat sie sich endgültig für die Pflege entschieden.

Frau Diederichs ist eine Frau der Tat, den Eindruck habe schon bei der Begrüßung. Obwohl wir uns nur einmal kurz begegnet sind, erkennt sie mich von weitem und spricht mich sogleich freundlich an. Sie ist in Münster-Mauritz groß geworden. Bei einem Ausflug nach Nottuln trifft sie auf dem Martinimarkt den Mann, der dafür gesorgt hat, dass sie jetzt ihren Lebensmittelpunkt in den schönen Baumbergen hat. Das Drängen, der Wunsch ihrer Mutter „etwas Richtiges" zu lernen, war so groß, dass sie hintereinander bei drei gesetzlichen Krankenkassen und einer privaten Krankenkasse des Sparkassenverbundes erfolgreich arbeitete, bevor sie Personalvermittlerin und Geschäftsstellenleiterin in der Zeitarbeit wurde. Anschließend arbeitete sie bei einer Ingenieursgesellschaft für Elektrotechnik als Qualitätsmanagerin und studierte noch BWL, als es zum Burnout kam.

Obwohl sie immer erfolgreich war, fühlte Frau Diederichs sich nie ganz glücklich mit dem, was sie tat. Vor allem spürte sie tiefe Unzufriedenheit über die Art und Weise, wie in der Zeitarbeit mit Menschen umgegangen wird. Das alles ist ihrer besten Freundin während der ganzen Zeit nicht entgangen. Diese arbeitet als Intensiv-Krankenschwester in der Uniklinik Münster und riet ihr nachdrücklich, sich für einen Beruf zu entscheiden, der wirklich ihrer ist und in dem sie glücklich werden kann. Nach dem schlimmen Burnout und der anschließenden Rehabilitation handelte die Freundin. Eine Kollegin im Nottulner Altenheim war ausgefallen und Anika durfte mit Genehmigung der Leitung bei der Pflege hospitieren und assistieren. Sie spürte sofort, dass ihre Empathie, die sie den Bewohner*innen entgegenbrachte, mit Worten und Gesten voller Dankbarkeit erwidert wurde. Frau Diederichs musste neben ihrem Burnout noch den Verlust ihrer Eltern und des Onkels verkraften. Nach dem Tod der Mutter gab sich der Vater auf. Die sehr gute palliative Versorgung des Onkels im Hospiz beeindruckte sie sehr. Bald darauf begann sie, die Pflege im Nottulner Altenheim dauerhaft zu unterstützen.

Ihr Vater, der zu Hause vom Palliativnetz betreut wurde, hatte vor seinem Tod einen letzten Wunsch. Er wollte unbedingt noch einmal nach Berlin, ins KADEWE und im Berliner Casino noch einmal pokern. Alle waren skeptisch, aber Frau Diederichs begleitete ihren Vater ohne zu zögern nach Berlin. Im Koffer waren genügend Morphinspritzen und der Vater lebte noch einmal kurz auf und genoss den Ausflug. All dies verstärkte den Entschluss, eine Ausbildung zur Pflegefachfrau an der Johanniter-Akademie beginnen. „Fühlen Sie sich jetzt, nach einem halben Jahr, in Ihrem Entschluss bestätigt?", will ich wissen. „Meine erste Klausur wurde mit einer 1,6 benotet," erwidert sie stolz. Sie führt weiter aus: „Hier gibt es fast nur empathische Menschen, die Schule macht Spaß, was man ebenfalls bei der Leiterin spürt. In meinen vielen Berufen war das so nie. Wertschätzung und Anerkennung sind hier zum Glück die Regel und nicht wie vorher die Ausnahme." „Das hört sich zwar überzeugend an, aber können Sie es vielleicht an einer Alltagserfahrung veranschaulichen?" „Unter den 30 Bewohner*innen einer Station unseres Heimes in Nottuln gibt es eine demente ältere

Dame, die oft griesgrämig ist und sogar hin und wieder absichtlich Kolleginnen mit ihrem Rollstuhl anfährt. Mir dagegen kniff sie neulich leicht in die Wange und sagte in einem liebevollen Ton: ‚Schön, dass du da bist, Schätzchen.' Offensichtlich erinnere ich sie an einen Menschen, den sie sehr gern hatte." Frau Diederichs überlegt und berichtet mir dann von Herrn S., einem unter Parkinson leidenden Bewohner, der aber früher ein großer Tänzer war und bis heute begeisterter Abba-Fan ist. Sein Lieblingslied ist „Dancing Queen". „Als ich das realisierte, hatte ich eine Idee. Normalerweise bringen wir ihn nach dem Essen mit mehreren Personen zu seinem Fernsehsessel. Herr S. ist mittlerweile sehr korpulent und kaum noch beweglich. ‚Heute singen wir ‚Dancing Queen' und tanzen gemeinsam in den Fernsehsessel', rufe ich ihm begeistert zu. Seine Augen beginnen ein wenig zu strahlen und Herr S. ist motiviert, das merke ich sofort. Wir singen ‚Dancing Queen' so gut wir es können und erreichen mit dem Rollstuhl tänzerisch den Fernsehsessel. Bei der Drehung in den Sessel macht der alte Tänzer diesmal so gut mit, wie seine Kräfte es zulassen. Heute ist trotz seines Gewichts keine zweite Person notwendig."

„Frau Diederichs, ich muss Ihnen gestehen, ich bin beeindruckt. Ihr Beispiel aus dem Pflegealltag zeigt mir: Solche Menschen braucht die Pflege, um die Klischees und Vorurteile gegenüber diesem Beruf abbauen zu können." Sie nickt zögernd: „Ich muss gestehen, dass ich auch immer dachte: fremden Menschen den Hintern abputzen, ein schlecht bezahlter Knochenjob. Heute bedaure ich so viele Ehrenrunden benötigt zu haben, um endlich zu erkennen, dass das nur einen Teil dieses Berufes abbilden kann, der doch so viel mehr zu bieten hat."

Angelika Brennstuhl
Pflegefachkraft in Essen

Die Magie des rosafarbenen Sommerkleides

Frau Kromweh (92) ist schon seit mehr als zehn Jahren dement. Mit 69 Jahren verlor sie ihren Mann bei einem Verkehrsunfall, über diesen plötzlichen Tod ist sie nie hinweggekommen. Ein Jahr zuvor hatten beide einen wunderbaren Urlaub am Gardasee verbracht, von dem Frau Kromweh später noch oft geschwärmt hat. Das sonnige Wetter, die lieben italienischen Freundinnen und Freunde, das schöne Hotel am See und ihr rosafarbenes Sommerkleid kamen in den Erzählungen davon stets vor.

Jetzt aber ist das alles lange vorbei. Der Alltag im Altenheim ist eher grau, Frau Kromweh bettlägerig und zumeist schlecht gelaunt. Sie lässt sich morgens nur unter Schwierigkeiten von mir waschen und pflegen. Gerne hätte ich mich an jedem Morgen auf sie ebenso gefreut wie auf die meisten anderen Bewohner*innen bei uns im Haus Elisabeth. Bei einem Arbeitsgespräch mit meiner Vorgängerin, die im nächsten Monat ihren Ruhestand antreten würde, erzählte sie mir von Frau Kromwehs Vorgeschichte. Gemeinsam hatten wir eine Idee, die ich direkt am nächsten Morgen umsetzen wollte.

Der nächste Tag war ein sonnenumfluteter Mittwoch. Noch bevor ich mit den Pflegevorbereitungen begann, holte ich Frau Kromwehs rosafarbenes Sommerkleid aus dem Schrank und hängte es demonstrativ auf, sodass ihr Blick unweigerlich darauf fallen musste. „Frau Kromweh, an diesem wunderbaren Tag müssen Sie sich schön machen für Ihren Mann", sagte ich in einem selbstverständlichen Ton. Sie schaute auf das Kleid und ließ sich heute ohne Probleme waschen und pflegen. Die alte Dame war offenbar glücklich und erzählte mir ausladend, wie sie ihren geliebten Mann kennengelernt hatte und wie schön er doch war. Gerne hörte ich ihr geduldig zu und freute mich mit ihr, denn jetzt war sie in ihrer eigenen Welt und alles, was ansonsten im Pflegeheimalltag schwierig ist, wurde für sie unbedeutend und klein.

Frau Jessing
Fachfrau in der ambulanten Pflege in Münster

Ich will die Störche nicht, aber der neue Zivi gefällt mir sehr

Frau Overgönne ist schon einige Jahre lang meine Kundin. Ihre Demenz fordert uns manchmal etwas heraus. „Frau Jessing, Frau Gellenbeck, sehen Sie die Störche da drüben auf dem Dach? Ich will nicht, dass die mir in die Waden beißen!", schrie sie gestern Nachmittag laut durch den Speisesaal. An den nächsten zwei Tagen sah sie die Störche immer wieder. Wir banden uns die Hosenbeine zu und versicherten Frau Overgönne glaubhaft, dass so nichts Schlimmes passieren könne. Am dritten Tag meinte sie fast beiläufig: „Da waren doch gar keine Störche. Warum haben Sie das gemacht?" Wer solche Situationen nicht kennt, könnte vielleicht im ersten Augenblick auf die Idee kommen, veralbert zu werden. Wir haben gelassen geantwortet: „Frau Overgönne, es hat Sie doch beruhigt und Sie fühlten sich durch unser Verhalten sicher."

Seit ein paar Wochen gibt es bei uns einen neuen Zivildienstleistenden, der nicht unattraktiv ist. Frau Overgönne, die bereits mit 30 Jahren den unerwarteten Tod ihres Mannes verkraften musste, war das nicht verborgen geblieben. Nachdem sie ihn im Speisesaal eine Weile angestarrt hatte, fauchte sie mich plötzlich wütend an: „Sie wollen mir doch nur den netten Mann wegnehmen, Frau Jessing!" Mit viel Geduld und Empathie gelang es mir schließlich, sie zu beruhigen.

Frau Overgönne lebte immer öfter in ihrer eigenen Welt und der frühe Verlust ihres Ehemannes spielte darin natürlich eine große Rolle. Wir respektierten das ebenso, wie wir sie selbst respektieren. Nach einigen Tagen erklärte sie nebenbei und wie selbstverständlich: „Das ist doch alles Blödsinn. Ich bin 92 Jahre alt und brauche keinen neuen Mann mehr." Ich erwiderte mit ruhiger Stimme und ihr freundlich zugewandt: „Frau Overgönne, aber Sie haben sich gut gefühlt, als ich Ihnen versicherte, Ihnen den jungen Mann nicht wegnehmen zu wollen. Und das ist das Allerwichtigste für uns hier." Sie nickte zustimmend, lächelte mich dankbar an und widmete sich ganz entspannt ihrem duftenden Kaffee und dem Frankfurter Kranz.

Dietlind Fischer
Ehrenamtliche im Krankenhaus-Besuchsdienst

Sprechen hilft – die „Grünen Damen"

Wenn wir in unseren hellgrünen Kitteln morgens kurz nach neun Uhr auf die Stationen im Evangelischen Krankenhaus ausschwärmen, gehen wir zuerst ins Stationszimmer. Gibt es Patient*innen mit besonderem Gesprächsbedarf? Die Ärzte, Pfleger*innen, Krankenschwestern, Therapeut*innen schauen auf die Patientenübersicht auf der Tafel und überlegen zusammen, um wen wir uns intensiver kümmern sollten, wer unter besonderen Ängsten oder Sorgen leidet. Manchmal bekommen wir auch Hinweise auf das Krankheitsbild, wenn es die jeweilige Persönlichkeit beeinflusst. Über die Art der Krankheit, über Therapiepläne oder Heilungsprognosen brauchen wir nichts zu wissen, das ist nicht unsere Aufgabe als Ehrenamtliche. Aber wir merken auch, wie umfassend die Patient*innen als – durch Krankheit beeinträchtigte – Persönlichkeiten mit ganz individuellen Geschichten und Bedürfnissen gesehen werden. Die Pflegenden haben einen guten Blick dafür. Zugleich schätzen sie unsere ergänzende Sorge um das Seelenheil der Patient*innen.

Wenn wir in ein Krankenzimmer gehen, heften wir außen an den Türrahmen einen kleinen grünen Magneten. Das ist das Zeichen für „Ich bin im Gespräch – bitte nur in dringenden Fällen stören". Wer zur Blutentnahme, Diabetes-Test, Verbandswechsel oder Essensplanung kommen will, lässt für kurze Zeit das Zimmer mit dem grünen Punkt aus. Selbst die Visite geht oft zunächst ins andere Zimmer. Unsere Gespräche mit Patient*innen werden ernst genommen und wertgeschätzt, weil sie auch zur Gesundung beitragen können.

In den Zimmern – meistens sind es Zweibettzimmer – stellen wir uns mit Namen vor und fragen, ob ein Besuch willkommen ist. Dies ist ein entscheidender Moment: Entweder bin ich erwünscht und werde als Angebot zum Gespräch oder für kleine Hilfsdienste wahrgenommen, oder ich gelte als eher lästiger Störfaktor. Man darf mich wieder wegschicken, kein Problem. Aber wenn ich willkommen bin, passiert in den nächsten 10 oder 20 Minuten ganz viel.

Meistens erzählen die Patient*innen ihre oft lange Geschichte, wie es zu ihrem Krankenhausaufenthalt kam: vom plötzlichen Sturz, vielen Operationen, chronischen Schmerzen, verschiedenen Krankenhausaufenthalten und therapeutischen Hilfen. Das sind Leidensgeschichten, an denen wir mitfühlend teilnehmen dürfen. Manchmal bemerkt man an der Art der Erzählung etwas von dem Stolz, so viel Schweres ertragen zu haben, oder etwas von einer demütigen Ergebenheit in ein schweres Schicksal. Auch die Begleitung durch Familienangehörige spielt eine Rolle. Daran kann ich anknüpfen: Wie haben Sie es geschafft, so viel Schweres auszuhalten? Was hat Ihnen dabei geholfen? Wer hat Ihnen Halt gegeben? Gab es in letzter Zeit auch etwas Schönes, was Ihnen Mut gemacht hat? Wenn ein Patient/eine Patientin sich auf derartige Perspektiven einlässt, bemerkt man manchmal einen Gewinn an Gelassenheit und Zuversicht. Es ist nicht alles verloren und zerstört, es gibt Hoffnung auf Verbesserung.

Oft treffen wir auf die Situation, dass eine Rückkehr in die alte Wohnung im zweiten Stock ohne Aufzug und ohne tägliche Fürsorge nicht mehr möglich ist. „Ich weiß nicht, wie es weitergeht", sagt die Patientin. Zwar kümmert sich die Tochter, sucht mit Unterstützung des Sozialen Dienstes nach einer Wohnung mit Betreuung, einem übergangsweisen Pflegeplatz, beantragt einen Pflegegrad, aber diese Situation ist mit großer Verunsicherung und Angst verbunden: Wo werde ich bleiben? Welche Hilfen darf ich beanspruchen? Wie gehe ich um mit meiner eingeschränkten Bewegungsfähigkeit? Wer hilft mir im Alltag? Solche Gedanken kreisen permanent, und man mag sie nicht mit den direkten Angehörigen teilen, die hätten ja schon genug zu tun. Im Gespräch mit der Grünen Dame bekommt die Angst einen Namen und Geduld kann wachsen. Es ist nicht schlimm, wenn man in ein Pflegeheim kommt: Man könnte dort auch neue Menschen kennenlernen, zum Spielen, Lesen, Singen, Erzählen gleich nebenan.

Wenn der 95-Jährige uns an seinen Überlegungen teilnehmen lässt, ob er in die Dialyse einwilligen soll oder nicht, dann wissen wir: Es geht um das Letzte, um die Bereitschaft und Einwilligung in das Sterben. Blickt er auf ein erfülltes Leben zurück? Gibt es einen Rest, der noch zu erledigen ist? Welches Bild vom Tod leitet ihn? Mag er darüber sprechen? Ich biete manchmal ein Gebet an, das Vaterunser oder andere, die mir gut gefallen.

Wir versuchen, die Traurigen, Betrübten, Schwermütigen, Ängstlichen aus ihren trüben Überlegungen herauszuholen, ein wenig Farbe in ihre düsteren Gedanken zu bringen, Perspektiven zu erweitern, Erinnerungen an Gesundes und Schönes zu wecken. Wenn auch mal wieder gelacht wird, war das Gespräch nicht umsonst.

Und wir bekommen ganz viel zurück: wunderbare Geschenke für das eigene Leben. Wir erfahren, wie unterschiedlich Mensch mit dem Altwerden, Kranksein, Gebrechlichkeit und Hilfsbedürftigkeit umgehen. Wir lernen Menschen kennen, die furchtbare Erfahrungen mit Krankheit und Tod nächster Angehöriger machen mussten und dennoch nicht zerbrochen sind. Wir erfahren große Dankbarkeit für unsere kleinen Dienste. Wir freuen uns, wenn es gelingt, ein wenig Heiterkeit in das körperliche Elend einzubringen.

Es berührt zutiefst, wenn eine Patientin am Ende auch noch fragt, wie ich selbst mit dem Anhören ihrer Elendsgeschichte umgehe: Seelsorge als wechselseitige Sorge. Der Besuchsdienst im Krankenhaus ist nicht nur seelsorgender Dienst an Kranken, sondern auch sinngebender Gewinn für mich selbst.

Juliane Ritter (*Name geändert)
Pflegekraft in einem Krankenhaus in Münster

Warum der Pflegeberuf so schön ist – und so schwer

Das erste Mal, dass man ein Leben rettet, vergisst man so schnell nicht. Wenn das Wissen und die Fertigkeiten, die man über Jahre gelernt und antrainiert hat, einen echten Unterschied im Leben eines fremden Menschen machen. Eine Patientin hört wenige Tage nach einer großen Operation plötzlich auf zu atmen. Ihr Herz schlägt also nicht mehr. Ich bin direkt zur Stelle, alarmiere meine Kolleginnen. Wir leiten Maßnahmen ein, reanimieren, übernehmen die Atmung der Patientin, verabreichen Sauerstoff sowie Medikamente, erkennen die Ursache für den Herzstillstand, können ihn beheben und so dafür sorgen, dass sie nach wenigen Tagen wieder lächelt und mit uns spricht. Ich muss sagen: Das gibt ein tolles Gefühl. Ebenso bleiben die Momente, in denen man einfach ein von Herzen kommendes „Danke" hört, weil man mit einer alltäglichen, kleinen Tätigkeit einer Person helfen konnte. Selbst in emotionalen und schwierigen Zeiten, wenn man Menschen in ihrem dunkelsten Moment beisteht und eine besondere Verbindung aufbaut, weiß man, dass der eigene Beruf der schönste sein muss. Diese Erfahrungen halfen mir lange Zeit, meinen Beruf auszuüben.

Doch all das Schöne kann die zunehmenden negativen Seiten kaum noch aufwiegen. Ich liebe meinen Beruf. Aber ich bereue es, ihn gewählt zu haben. Ich bin Gesundheits- und Krankenpflegerin seit über zehn Jahren. Der Beruf war nie mein Wunsch. Vielmehr war die Wahl ein Zufall. Der Krankenhausaufenthalt und Tod eines mir nahestehenden Menschen zeigte mir erstmals, was es bedeutet, im Sterben zu liegen, Hilfe zu benötigen und diese von herzlichen und professionellen Menschen zu erfahren. Das beeindruckte mich sehr, und ich wählte den Berufsweg für mich. Mein Umfeld zeigte sich begeistert, der Beruf sei so wichtig und wertvoll. Viele könnten es nicht, hieß es immer wieder. Doch keiner erwähnte, dass der Beruf wenig Zukunft hat. Im Gegenteil, kaum ein Beruf erscheint uns doch wichtiger und unersetzbarer.

Kranke Menschen wird es doch immer geben, und somit auch immer den Bedarf für Pflege. Nach der Ausbildung arbeitete ich in verschiedenen Bereichen und begann, mir mein eigenes Bild zu machen. Viele Jahre lang war ich damit beschäftigt, die Erfahrungen zu sammeln, die mir meine heutige Sicht geben würden. Ich lernte alle wunderschönen Seiten kennen, aber auch die Schattenseiten.

Ich liebe meinen Beruf. Aber ich bereue es, ihn gewählt zu haben.

Ein System, das schwachen und kranken Menschen Hilfe verwehrt, ist krank. Immer mehr Verantwortung. Auf Pflegekräften lasten ein stetig steigender Leistungsdruck und immer mehr Verantwortung. Die Zahl der Patient*innen steigt. Das heißt, ich habe es mit sehr viel mehr Menschen zu tun als noch vor ein paar Jahren. Das liegt an der älter werdenden Bevölkerung, aber auch an finanziellen Fehlanreizen für Klinikleitungen, die gezwungen sind, Gewinne zu erwirtschaften, und deshalb unter anderem Personalkosten sparen wollen. Wir Pflegekräfte müssen mehr und mehr Patient*innen versorgen, und die zaghaften Versuche der Politik, dies zu deckeln, gingen teilweise nach hinten los. Die Versorgung der Menschen in den Krankenhäusern leidet darunter. Wir müssen priorisieren. Wir müssen entscheiden: Wem helfe ich jetzt als Erstes?

Ich habe erlebt, wie Pfleger*innen gingen und ihre Stellen nicht nachbesetzt wurden. In Deutschland fehlen etwa 200.000 Pflegekräfte. Die Kliniken finden kein Personal. Die Arbeitslast steigt. Andere müssen die Arbeit übernehmen. Sie arbeiten schneller und länger. Denn die Alternative ist, dass Patient*innen unter Schmerzen leiden, in ihren Ausscheidungen liegen müssen, wunde Stellen bekommen oder lebenswichtige Medikamente zu spät erhalten, manchmal gar nicht. Die Grundbedürfnisse von kranken Menschen sind nicht planbar, und sie können selten warten.

Oft denke ich an Dienste zurück, in denen ich an meine Grenzen kam. Ich arbeitete auf einer Pflegestation und musste 13 Patient*innen versorgen. Ich weiß, dass ich mit dieser Zahl noch Glück hatte, denn vielerorts ist das wenig. Keine Zeit, zu essen oder zur Toilette zu gehen. Ich erinnere mich an Tage, an denen ich keine Zeit fand, meine Patient*innen kennenzulernen, weil mich immer wieder irgendwer mit der Klingel rief. Eine Frau meldete sich mit stärksten Schmerzen, ihre

Nachbarin kam mit dem Fernseher nicht zurecht. Im nächsten Zimmer stand die Tür offen, und eine alte Dame stand zittrig mitten im Raum. Ihre Demenzerkrankung machte es ihr unmöglich, um Hilfe zu bitten, wenn sie sich eingenässt hatte. Ich musste sofort helfen, sonst wäre sie gestürzt. Ich wusch sie, half ihr in trockene Wäsche und redete ihr gut zu, dann legte sie sich wieder hin. Angekommen bei der nächsten Klingel, war der Verband eines Mannes durchgeblutet, schon wieder. Er durfte nicht noch mehr Blut verlieren. Ja, ihm sei auch schwindelig, sagte er. Ich probierte es mit dem Druckverband, erfolglos. Ich stellte einen zu niedrigen Blutdruck fest und verständigte eine Ärztin. Sie sagte, sie werde kommen, wenn sie mit einem anderen Notfall auf der Intensivstation fertig sei. Auf dem Flur in Richtung Pflegezimmer hielt mich eine Angehörige auf. Sie wollte wissen, warum ihr Vater gleich mehrere Antibiotika bekam. Ich bat sie zu warten, das wollte sie nicht, also erklärte ich es ihr. Währenddessen klingelten meine Telefone, beide, vier Mal. Eine Patientin musste in den Operationssaal gebracht werden, ein Patient aus dem Aufwachraum abgeholt werden. Das ging nur, wenn meine Kollegin meine Patient*innen im Blick behielt. Doch sie war noch mit einem anderen Menschen beschäftigt. Er lag im Sterben. Dann kam eine Information aus dem Labor. Der Mann mit der Blutung habe einen sehr niedrigen Hämoglobinwert. Eine Ärztin müsse sich das ansehen. Wahrscheinlich brauchte er Blutkonserven, wahrscheinlich musste er wieder in den Operationssaal. Kurz bevor ich am Pflegezimmer ankam, hörte ich einen Rums. Die ältere Dame auf Zimmer 2 war aus dem Bett gestiegen und gefallen. Ich ertastete eine Beule an ihrem Hinterkopf. Das bedeutete: Die Ärztin würde sie untersuchen müssen, wahrscheinlich käme dann eine Computertomografie, und ich würde alles dokumentieren. Ich rief mit der Notfallklingel meine Kollegin dazu. Wir beförderten die Dame zurück ins Bett. Das Bett schob ich auf den Flur – in dem Wissen, dass dies ihr Delir verschlimmern würde, aber anders konnten wir die Dame nicht im Blick behalten. Plötzlich lag mein Patient aus dem Aufwachraum auf dem Flur. Man hatte ihn gebracht, da ich es nicht geschafft hatte, ihn zu holen, und der Platz im Aufwachraum eng wurde. Der Patient klagte über Schmerzen und Übelkeit. Er übergab sich auf seine Bettwäsche. Das Telefon klingelte erneut. Ein Patient, der gegen meinen Rat darauf bestanden hatte, kurz nach seiner Operation rauchen zu gehen, war in der Raucherecke kollabiert. Ich sollte kommen.

Zu diesem Zeitpunkt waren erst zwei Stunden vergangen, von insgesamt acht, und noch immer hatte ich das Schmerzmittel für Zimmer 1 nicht vorbereitet. Ich hatte die die Blutung nicht gestillt. Ich hatte die Hälfte meiner Patient: innen noch nicht gesehen. Ich musste zur Toilette, ich hatte Durst, aber das alles musste warten. Etwas zu essen hatte ich nicht mitgebracht, da ich nun schon drei Tage in Folge mein Essen nach Feierabend wieder mit nach Hause genommen hatte. Nachts erinnerte ich mich an Aufgaben, die ich tagsüber vergessen hatte Obwohl ich mir viel Mühe gab, wurde ich doch nie fertig.

Mir war klar, dass ich gewisse Dinge nicht schaffen würde. Manchmal war das die Dokumentation dessen, was ich gemacht hatte. Manchmal war es das Gespräch, das ich einer Patientin versprochen hatte, die sich einsam fühlte. Und manchmal waren es Fehler, die schwerer wogen. Dieser Zustand wurde Alltag, und die Freizeit schwand immer mehr. Oft arbeiten wir zwölf Tage am Stück, ohne Unterbrechung. An Wochenenden wie an Feiertagen. Wir standen morgens um 5 Uhr auf oder kamen erst am Morgen um 7 Uhr nach Hause, um am nächsten Tag wieder zum Spätdienst zu fahren. Wenn ich nach dem Frühdienst zuhause ankam, schlief ich sofort ein. Ich wachte mitten in der Nacht auf und erinnerte mich an Dinge, die ich tagsüber vergessen hatte. Manchmal kamen mir auf dem Weg zum Dienst die Tränen. Danach zog ich Bilanz. So hatte ich mir meinen Beruf nie vorgestellt. Und so konnte ich ihn nicht mehr ausüben. Mittlerweile arbeite ich in einem anderen Bereich, doch gut ist es noch immer nicht.

Wir opfern unsere Freizeit und riskieren unsere Gesundheit. Meine Kolleg*innen und ich geben seit Jahren alles. Wir opfern unsere Freizeit, um Dienste zu übernehmen. Tagtäglich klingeln unsere Telefone. Jemand sagt: „Kannst du kommen? Die Kollegen sind sonst allein, und du weißt ja, die Patienten." Wir riskieren unsere Gesundheit, indem wir schwere Patient*innen alleine heben. Es ist niemand da, der uns helfen könnte. Auch die psychische Gesundheit leidet unter alldem, was man sieht, und was so nicht sein sollte. Es setzt einem zu, nicht helfen zu können, immer wieder. Einen Menschen alleine sterben lassen zu müssen, weil Personal fehlt und es nicht möglich ist, sich zu ihm zu setzen, das verarbeitet man schlecht, sehr schlecht. Zu erleben, wozu uns das auf den Profit ausgerichtete System zwingt, das hält man nicht lange aus. Und wenn man weiß, wie das System funktioniert, hat man

Angst, in diesem System selbst zur Patient*in zu werden. Das sagen viele in meinem Beruf. Je mehr wir geben, desto mehr wird von uns verlangt. Diese Abwärtsspirale scheint sich nicht durchbrechen zu lassen. Daher wählen immer mehr Pflegekräfte den Ausstieg, denn der Beruf erscheint perspektivlos.

In dieser Kolumne werde ich erzählen, was diesen Beruf so schön macht, und warum es dennoch so schwer ist, ihn auszuüben. Ich werde über das sprechen, was von außen nicht zu sehen ist, aber zu sehen sein sollte. Und ich werde über das schreiben, was sich im Großen ändern müsste, und was sich im Kleinen ändern könnte.

Herzliche Grüße

Ihre Juliane Ritter

(Dieser Text war die erste Ausgabe ihrer Kolumne im digitalen Magazin „RUMS" für Münster aus dem Oktober 2021)

Heike Fuchs
Examinierte Altenpflegerin und Pflegedienstleitung

Ich liebe meine Senioren-WG

Im Oster-Kurzurlaub in Norddeich begegne ich Frau Fuchs beim Früh-stück. Es dauert nicht lange, da erzählt sie von ihrer geliebten Senioren-WG. Ihr Ehemann spürt bald, dass es ein längeres Gespräch werden könnte und geht nach dem Frühstück schon einmal zum Deich. „Obwohl ich noch drei Geschwister habe, wies meine Mutter nur mich immer wieder darauf hin: ‚Heike, ich habe Oma immer gepflegt.' Ihre Botschaft war eindeutig und für mich stand außer Zweifel: Ich will und werde meine Mutter pflegen. Tatsächlich wurde die Pflege jedoch zu einer existentiellen Herausforderung. Meine Mutter erkrankte schwer an Diabetes, bekam Depressionen und später musste ihr ein Bein amputiert werden. So war sie für mich ein Schwerstpflegefall zu Hause und ich war nicht nur gefordert, sondern ehrlich gesagt überfordert. Nachts rief meine Mutter immer öfter und lauter: ‚Heike, hilf mir!' Mir wurde bald bewusst, so konnte es nicht weitergehen. Jeder hat Grenzen und ich wollte manchmal doch einfach nur ihre Tochter sein können. Die Pflege hatte tiefe Spuren bei mir hinterlassen und so tat mir die räum-liche Trennung sehr gut, als Mutter doch in ein Pflegeheim kam. Für die wunderbare Pflege im Haus Ahorn bin ich noch heute dankbar. Ein Beispiel zeigt das gut: An einem Morgen wollte meine Mutter einen Pott Kaffee, hatte aber Wortfindungsprobleme nach einem Schlaganfall. Sie sagte: ‚Bitte einen Kübel Kaffee.' In das herzhafte Gelächter konnte sie selbst gut einstimmen, denn sie spürte genau, dass nicht über sie, sondern über die Situation gelacht wurde. Das gute Team konnte bis zu ihrem Tod fast alles auffangen, was mich alleine überfordert hatte.

So war mein Weg vorgezeichnet. Ich machte die Ausbildung zur examinierten Altenpflegerin und zur Pflegedienstleitung. Als Pflege-dienstleitung war ich von 2007-2021 tätig. Dann allerdings war ein Punkt in meinem Leben erreicht, an dem auch ich die Pflege nach 32 Jahren leid war. Ich arbeitete eine Weile als Disponentin einer Zeitarbeitsfirma im Bereich Medizin und Pflege. Dort lernte ich durch die Vermittlung einer Pflegekraft den Geschäftsführer einer neuartigen Pflegeeinrichtung kennen. Er berichtete von der neu eröffneten Senioren-WG, nur 10 km von meinem Zuhause entfernt. Da ich von Hause aus neugierig bin, verabredeten wir uns für den nächsten Tag zur ‚Schlossbesichtigung'. Und da war sie nach einem halben Jahr wieder, die Freude und Lust an meiner Berufung. Hier in der Senioren-WG arbeiten und leben wirklich alle in einem Team. Die Bewohner*innen sind gleichberechtigt und dürfen mitbestimmen. Wir diskutieren alle anstehenden Fragen aus. Jeder darf ‚Nein' sagen, wenn er angesprochen wird, aber tatsächlich bringen sich fast alle aktiv mit ein, wenn es etwa um das Schälen oder Schneiden beim Kochen oder um die Vorbereitung einer Veranstaltung im Außenbereich geht. Viele anstehende Aufgaben werden sogar von den Senior*innen selbst organisiert. Es gibt zwei Gruppen mit je zwölf Bewohner*innen und wir versuchen bewusst mit wenigen Regeln auszukommen. Um die kürzlich verstorbene Frau Wetzlar bemühten sich die anderen rührend und es gelang uns auch ohne Worte (sie war ein Schwerstpflegefall und konnte zum Schluss nicht mehr sprechen), ihr Lieblingsessen herauszubekommen. Sie hat es genossen, wenn sie von allen namentlich begrüßt wurde.

Einer meiner jungen Alten organisiert sogar ganze Tagesabläufe, um mich zu entlasten. Neulich schickte er mir Vorschläge als E-Mail auf mein Diensthandy - mit 92 Jahren. Ich liebe meine Senioren-WG!"

Gerrit Jablonski
Pflegefachkraft in der ambulanten Pflege in Essen

25 Gründe gegen einen Suizid

Als ich unseren neuen Kunden Herrn Schneider erstmals besuchte, war ich von dem edlen Interieur seiner wunderbaren Penthouse-Wohnung sehr beeindruckt. Er hatte in der IT-Branche wichtige Management-positionen innegehabt, bis ihn seine MS-Erkrankung schließlich zur Aufgabe seines Berufes zwang. Mit jedem der Schübe wurden die Beschwerden größer und seine Möglichkeiten, wie gewohnt am Leben teilzunehmen, geringer.

Als ich vor zwei Monaten zu ihm kam, um mit ihm im Rollstuhl einen größeren Spaziergang zu machen, passierte es: Herr Schneider sagte mir klipp und klar, dass er so nicht mehr leben könne und einen Suizid plane. Er bat mich, ihm dabei zu helfen. Wir haben daraufhin ein sehr langes und ernsthaftes Gespräch geführt und ich verabschiedete mich mit dem Versprechen, ihm am nächsten Freitag meine Antwort zu geben.

Der nächste Freitag kam und ich schlug ihm folgendes vor: „Herr Schneider, ich werde Ihnen in der kommenden Woche eine Liste mit zehn Gründen anfertigen, die gegen Ihren Freitod sprechen. Bitte schreiben Sie bis dahin ebenfalls zehn Gründe auf, die Ihren Wunsch erklären können." An diesem Tag verloren wir nicht mehr viele Worte während unseres Spaziergangs und beim Abschied versprach er mir, sich auf meinen Vorschlag einzulassen. Bei unserem Treffen nach einer weiteren Woche, in der ich meine Liste immer wieder aktualisierte, gestand Herr Schneider ein, dass er sich nicht ganz an die Vereinbarung gehalten habe. Ich allerdings auch nicht. Er gab etwas kleinlaut zu, dass ihm nach fünf Gründen kaum noch etwas Vernünftiges eingefallen sei. Ich dagegen hatte nach 25 einfach aufgehört, denn es wären ansonsten noch erheb-lich mehr geworden. Er las meine Aufzeichnungen ebenso gründlich wie ich seine fünf Gründe, die sich kaum voneinander unterschieden. Er hatte im Grunde genommen immer wieder nur den Verlust seiner ehemaligen Lebensqualität beschrieben. Für meine Aufzählung nahm sich Herr Schneider ausgesprochen viel Zeit. Schließlich holte er seinen teuersten Whisky, füllte zwei Gläser und sagte: „Herr Jablonski, der 22. Grund hat mich wirklich überzeugt. Auch ich freue mich immer sehr auf unser monatliches Abendessen bei Salvatore, unserem Lieblings-italiener." Mit einer bei ihm zuletzt seltenen guten Laune hob er sein Glas und versprach: „Deshalb, Herr Schneider, werden wir ab sofort an jedem Freitag nach unserem Spaziergang gemeinsam Salvatore besuchen!"

Daniela Rost
examinierte Kinderkrankenschwester
in der häuslichen Kinderintensivpflege

Statement einer engagierten Überzeugungstäterin

Ein Beispiel für viele Diskussionen am heimatlichen Küchentisch, bei denen es um das Thema Pflege und Gehalt geht: Seine Oma war mit seinem Berufswunsch Krankenpfleger nicht einverstanden. Ihre Begründung: zu viel Arbeit, zu wenig Gehalt. Er aber wollte schon immer Krankenpfleger werden, und zwar aus Überzeugung. Seit nunmehr 15 Jahren ist er mittlerweile glücklich in seinem Beruf und sieht es als seine Berufung.

In keinem Bereich wird so viel über eine angemessene Bezahlung diskutiert wie in der Pflege. Mit Recht! Denn es ist leider immer noch so, dass wir Pflegenden nicht ausreichend für diese wichtige Tätigkeit honoriert werden.

Jedoch muss man in diesem Bereich nicht nur das Geld sehen, sondern auch den immateriellen Lohn, den die Pflegenden erhalten. Nämlich die Dankbarkeit und den Respekt gegenüber dieser sinnvollen Tätigkeit und die Wertschätzung, die einem kranke und pflegebedürftige Menschen und deren Familien entgegenbringen. Rechnet man beide Komponenten zusammen, das Gehalt und die Menschlichkeit mit all ihren Facetten, dann kommt man auf einen viel höheren Lohn. Jene, die sich für den Pflegeberuf entscheiden, sind meistens Menschen, die eine hohe soziale Kompetenz besitzen und anderen helfend zur Seite stehen möchten. Diejenigen, die sich bewusst für diesen Beruf entscheiden und jahrelang dabeibleiben, sind oft Überzeugungstäter*innen.

Carolin Bylitza
Leiterin der Pflege auf der Kinderintensivstation im
Clemenshospital in Münster

In Zimmer 14 geht die Maus die Wände hoch

Als Frau Müller auf unsere Station (IMC – Intermediate Care) gebracht wurde, gab es kaum noch Aussichten auf Heilung, ihre Organe und das Immunsystem waren schon zu sehr geschwächt. Die Demenz kam hinzu und hatte einen weiteren Schub ausgelöst. Täglich besuchte ihre Tochter sie, die wir nicht nur bei der Mundpflege wie selbstverständlich in die Arbeit einbeziehen konnten. Mit der Aromapflege, bequemen Stühlen, dem Anbieten von Kaffee und vielem mehr gelang es uns, eine wohnliche Atmosphäre in Zimmer 14 zu schaffen. Dadurch wurde die professionelle Arbeit, aber auch die einfachen und so unendlich wichtigen Dinge – wie das Halten und Streicheln der Hand, Befeuchten der Mundpartie – stark vereinfacht.

Häufig sorgte eine gewisse Situationskomik dafür, dass die schwere Arbeit dennoch zu ertragen war. Wie aus dem Nichts schrie Frau Müller plötzlich: „Da läuft sie die Maus, jetzt rennt sie die Wand hoch!" Ihre Tochter erschreckte sich sehr und schaute mich entgeistert an. Ganz so, als ob sie sagen wollte: „Frau Bylitza, bitte tun Sie doch was." Natürlich lachte ich nicht. Stattdessen verfolgte ich die Maus für Frau Müller durch den kompletten Raum und orientierte mich daran, wo sie die Maus gerade sah. Es ging die Wände rauf und runter, dann hatte sich die Maus wohl hinter dem Schränkchen neben der Tür versteckt. Ich öffnete die Tür und scheuchte sie aus dem Zimmer. Frau Müller war sichtlich erleichtert, ihre Tochter ebenfalls, aber aus anderem Grund. Ich dagegen eilte ins Schwesternzimmer, denn dort konnte ich endlich herzhaft lachen und neue Kraft tanken, bevor ich wieder zu Zimmer 14 zurückkehrte.

Die Tochter von Frau Müller wurde durch ihre tatkräftige Unterstützung bei Tag und Nacht immer mehr ein Teil unseres Teams. Dies empfand sie auch selbst so. Vier Wochen sollte unsere gemeinsame Sterbebegleitung dauern.

Einige Wochen danach besuchte uns die Tochter von Frau Müller noch einmal auf unserer Intensivstation. Sie bedankte sich bei allen, die sie auf der Station kennengelernt hatte. Jede und jeder bekam einen kleinen Umschlag mit einem vierseitigen, handschriftlich verfassten Dank.

Die Geschichte stammt aus ihrer Zeit als Pflegerin auf der Intensivstation; Patientennamen wurden aus Datenschutzgründen geändert.

Heike Achenbach
Schulleitung in Doppelspitze an der Pflegeschule der
Johanniter-Akademie NRW am Campus Münster

Das Leben ist ein Abenteuer
und ich bin mittendrin

Zum „Balkongespräch" begrüße ich heute eine Frau, die ihre Vorfreude und Neugierde auf unsere Begegnung nicht verbergen kann. Ihre
Augen und ihr ganzes Gesicht erzählen davon und mit dem – eben erst
gepflückten - Blumenstrauß aus ihrem eigenen Garten unterstreicht
sie diesen Eindruck noch in liebenswerter Weise. Behütet aufgewachsen im Siegerland, war für sie schon früh klar, dass die Pflege ihre
Berufung ist. Der Vater riet immer zu einem „handfesten Beruf". Ihre
Mutter wollte sie nie in ihrer Berufsentscheidung beeinflussen, freute
sich aber: „Heike, du machst das, was ich eigentlich immer wollte." Im
April 1984 begann sie mit der Pflegeausbildung in Südwestfalen. Das
vorherige einjährige Praktikum im Rahmen der Fachoberschule war ihr
sehr wichtig, und nach Ausbildungsende war sie bereits mit 21 Jahren
examinierte Krankenschwester.

Manche Krankenschwestern gehörten zu dieser Zeit noch kirchlichen Ordensgemeinschaften an. Heike Achenbach hat die damals gängige Bezeichnung „Schwester Heike" nie negativ empfunden; eher verband sie damit so etwas wie einen „inneren Adel" und die Verpflichtung, jeden Menschen respektvoll zu behandeln. Mängel und Fehler in Strukturen und Regeln entdeckte sie nicht nur sehr früh, sondern versuchte sich vehement für Verbesserungen und Innovationen einzusetzen. Auszubildende suchten oft ihren Rat und ihr pädagogisches Talent blieb nicht verborgen. Immer wieder hieß es: „Heike, kümmere dich doch bitte um die Schüleranleitung." So war es keine Überraschung, als man ihr schon 1992 eine Schulassistenzstelle an der Pflegeschule ihres Heimathauses anbot. Heike Achenbach unterrichtete von da an, plante die Einsätze in der Praxis, begleitete die Schüler*innen durch die Ausbildung und führte Prüfungen durch. Es war damals noch möglich, diese Tätigkeiten auch ohne pädagogische Ausbildung auszuüben. Frau Achenbach entschloss sich jedoch, unbezahlten Urlaub für eine Weiterbildung zu nehmen. Sie studierte mit großem Elan. Ihr Ziel war es, möglichst bald den Abschluss als staatlich anerkannte Lehrerin für Pflegeberufe zu erhalten, und sie genoss die Zeit an der Akademie der Diakonie in Bad Kreuznach.

Nach einiger Zeit als Lehrkraft an einer Krankenpflegeschule führte sie ihre berufliche Neugierde ins schöne Mittelrheintal nach Boppard, wo sie mit viel Engagement als Assistenz der Pflegedirektion im Qualitätsmanagement tätig war. Ihre Arbeit empfand sie als spannend und herausfordernd und wurde dort kurze Zeit später als Pflegedienstleiterin für die stationäre Langzeitpflege und die solitäre Kurzzeitpflege tätig. Hier betrat sie für sich Neuland und war offen für Innovationen. Das war ganz nach ihrem Geschmack. In ihrer Zeit in Boppard wagte Heike Achenbach erneut einen für sie großen Schritt und studierte berufsbegleitend an der Fachhochschule in Osnabrück Pflege- und Gesundheitsmanagement. Das Studium schloss sie mit der Bezeichnung Diplom-Kauffrau (FH) ab.

Ich bin von diesem Marathon mehr als beeindruckt und will wissen, welche Kraft oder Quelle es dafür gibt. Hierauf erklärt Frau Achenbach mit viel Leidenschaft in der Stimme: „Ich möchte immer meinen Horizont erweitern, suche die Herausforderung und forsche nach neuen Antworten und Strukturen für die Pflege." Sie holt etwas Luft und räumt ein: „Das ging manchmal an die Substanz, aber es war trotzdem lohnend." Ich nicke zustimmend und sie verändert ihre Tonlage, setzt sich aufrecht hin und bekennt: „Ich bin wissbegierig und einfach neugierig auf das Leben. Frei nach meinem Lebensmotto: Das Leben ist ein Abenteuer und ich bin mittendrin!"

„Haben Sie auf diesem Weg Erfahrungen gemacht, die für die Pflegeausbildung prägend sind?" Sie zögert nicht lange und sagt: „In der palliativen Pflege habe ich die klare Erkenntnis gewonnen, dass es in der Pflege und besonders in der palliativen Pflege auf die Haltung ankommt. Der betroffene Mensch soll selbstbestimmt betreut werden und die üblichen Regelungen dürfen sich ruhig situativ hintenanstellen; auf Beziehungen und deren Stärkung kommt es manchmal mehr an als auf die faktische medizinisch-pflegerische Versorgung." Das Stichwort „Stärkung" hat jetzt bei ihr sichtbar etwas ausgelöst. „Pflege kann mit ihrem Wissen und Können sehr wohl sehr selbstbewusst auftreten und mit allen Beteiligten auf Augenhöhe arbeiten. Die Basis dafür wird in der Ausbildung geschaffen. Wir haben allen Grund, selbstbewusst zu sein und auch so zu handeln! Und dies hoffentlich unbeeindruckt von den zum Teil nicht so ganz optimalen Strukturen, welche die Politik und andere Einflüsse geschaffen haben."

Von ihrer Willensstärke beeindruckt, erkundige ich mich: „Jede Kraft, jede Batterie muss doch mal wieder aufgeladen werden. Wie machen Sie das eigentlich?" Ihre Augen beginnen zu strahlen: „Mein Kater ist total bereichernd für mich, er ist einfach da und gehört seit über zehn Jahren zu mir. Wenn es ihm gut geht, geht es mir ebenfalls gut." Ich habe eine Katzenallergie und kann das nur theoretisch nachvollziehen. Aber sofort ergänzt sie ihre Aussage: „Auch dass mein Partner an mich glaubt, gibt mir den Rückhalt, den ich brauche. Ach ja, und natürlich mein Hund Anton, der einfach nur ungestüm und lustig ist." Auf meine Frage nach einem Hobby, welches ihr zusätzliche Energie verleiht, antwortet sie mit überschwänglicher Begeisterung: „Nach einem Schnupperwochenende bin ich vor einiger Zeit zur Fallschirmspringerin geworden. Inzwischen bilde ich hier ebenfalls Menschen aus. Es ist ungeheuer spannend und erweitert nicht nur symbolisch meinen Horizont. Kennen Sie das Lied von Reinhard May, ‚Über den Wolken'? Dinge, die uns sonst so wichtig vorkommen, werden beim Fallschirmspringen mit einem Mal ganz neu bewertet." Als sie jetzt noch erzählt, dass man mit den Fallschirmsprung-schüler*innen im freien Fall aus 4.000 Metern Unterricht abhalten kann, wird mir endgültig klar, dass es wirklich ihre Bestimmung ist, die sie mit solcher Leidenschaft ausübt: Menschen auszubilden, sie zu selbstbewussten und starken Typen zu machen – nicht nur in der Pflege.

Meine letzte Frage liegt jetzt einfach in der Luft: „Gibt es für Sie denn gar keine Grenzen, Frau Achenbach?" Sie schaut auf den kleinen Blumenstrauß aus ihrem Garten, wird nachdenklich und sagt etwas leise: „Doch, wenn ich einen Strauß binde, möchte ich gerne alle Blumen auf der Wiese einbinden, aber wie Sie sehen, das geht nicht."

Ute Wachsmann
Pflegefachkraft

Frau Seifert isst und trinkt nicht mehr

Frau Seifert ist erst 60 Jahre alt, aber der Krebs hat den Kampf schon lange gewonnen. Sie war immer eine selbstbewusste und selbstbestimmte Person, eine vielbeschäftigte Künstlerin. Nun, wenige Wochen bevor sie endgültig gehen wird, hat sie den Tod akzeptiert und eine Entscheidung getroffen: Sie isst nicht mehr und trinkt nur noch sehr wenig. Sie spüre nicht einmal mehr das Verlangen danach, erklärt sie mir, als ich sie waschen darf. Dieser in der Pflege eigentlich alltägliche Vorgang gestaltet sich sehr kurios. Obwohl ich viel Erfahrung habe, gelingt es mir nicht recht jene Stellen zu waschen, an denen fast nur noch Haut die Knochen bedeckt. Etwas ratlos blicke ich zu Frau Seifert. Mit dem ihr eigenen Humor lacht sie: „Frau Wachsmann, haben Sie etwa noch nie ein Skelett gewaschen?" Jetzt muss ich auch schallend lachen. Natürlich lache ich nicht über Frau Seifert, sondern über die Situation. Mir fallen Sätze aus der Palliativausbildung ein: „Palliative Pflege ist Beziehungsarbeit" und „Was dem/der Bewohner/in, Patienten/in guttut, ist auch richtig."

Ab da öffnete sich Frau Seifert mir so weit, dass ihre Kinder mich später fragen: „Woher wissen Sie das alles über unseren Vater? Und über uns?" Unser Vertrauensverhältnis ist in nur drei Wochen derart gewachsen, dass es die Kinder, die ein ungewöhnlich distanziertes Verhältnis zu ihrer Mutter hatten, sehr verwunderte. Ihre Mutter habe einen eisernen Willen und lasse kaum jemanden in sich hineinblicken, nicht einmal die eigenen Kinder. Frau Seifert sprach mit mir ganz offen über das bevorstehende Ende, bat mich aber dennoch, ihren Kindern das nicht zu sagen. Gespräche über den Tod – ihren Tod – wollte sie den Kindern nicht zumuten. Einige Tage danach flehte mich der Sohn an, seine Mutter wieder zum Essen und Trinken zu bewegen, um ihr Leben zu verlängern. Ich dachte sofort an Cicely Saunders, die Begründerin der modernen Hospizbewegung, und ihren bekannten Satz: „Es kommt nicht darauf an, dem Leben mehr Tage, sondern den Tagen mehr Leben zu geben." Daher fragte ich ihn: „Herr Seifert, wollen Sie das Leben oder das Sterben verlängern?" Über das Sterben wollte er nicht gerne sprechen und bestätigte so unbewusst die Bitte seiner Mutter. Tatsächlich vertiefte sich das Vertrauensverhältnis mit Frau Seifert weiter, und es häuften sich in den letzten Wochen Situationen, in denen ich offen mit Frau Seifert sprechen und scherzen durfte.

Nach ihrem Tod erklärten mir die Angehörigen dankbar, alle gemeinsam sehr von diesem Vertrauen profitiert zu haben. So konnten sie die schwierigen und traurigen Momente besser bewältigen, zu denen es in der Endphase der Pflege von Frau Seifert unweigerlich kam.

Joy-Samuel Schmedt
Auszubildender zum Pflegefachmann

„Yes, I can!" - Jede Hürde hat mich stärker gemacht

Ich sitze diesem freundlichen jungen Mann bei einer Tasse Kaffee und bestem Wetter draußen an meinem gelben Tischchen gegenüber. Nichts deutet daraufhin, was ich gleich von ihm erfahren werde.

In den Slums von Bihar (Indien) geboren, stirbt Joy-Samuels Mutter bereits kurz nach seiner Geburt an Leukämie. Der Vater ist völlig überfordert und gibt ihn in die Hände der Missionarinnen der Nächstenliebe, dem von Mutter Theresa gegründeten Orden. Über eine Adoptionsvermittlung kommt er 1996 zunächst in ein Kinderheim in Neu-Delhi, hier holen ihn seine Adoptiveltern ab. Bei ihnen wächst er in Nottuln im Münsterland auf. Joy-Samuel bekommt zwar jede nötige Unterstützung, erfährt aber dennoch häufig erbarmungsloses Mobbing und Rassismus. Er interessiert sich trotz allem schon früh für andere Menschen und möchte ihnen helfen, so wie auch ihm geholfen wurde. Bei verschiedenen Praktika erlebt er dann, wie Menschen ausgenutzt und ungerecht behandelt werden. Joy-Samuel wird dünnhäutig und sensibel, auch depressive und sogar suizidale Gedanken tauchen auf. Seinen Kampf gegen die Hürden an der Schule verwandelt er schließlich genau in dem Jahr in Stärke, in dem Barack Obama erster schwarzer Präsident in den USA wird. Auf seinen Wahlzetteln zum Schulsprecher steht in Anlehnung an dessen Motto: „Yes, I can!" Seine Eltern und ihre Verwandten unterstützen ihn dabei und er stellt fest, was alles möglich ist, wenn man sich engagiert. Die gewonnene Sensibilität und Selbstsicherheit geben ihm Kraft. Er setzt sich ein, wenn Menschen in seiner Umgebung ähnliche Erfahrungen machen müssen.

Sein Wunsch, in der Pflege aktiv und Menschen nah zu sein, professionell zu helfen, wird immer klarer und er beginnt eine Ausbildung zum Pflegefachmann. Schockierende Berichte über untragbare Zustände in deutschen Pflegeheimen motivieren ihn nur noch mehr. Ungerechtigkeiten und Ausbeutung spricht er offen an und bekämpft sie im Team. Allein geht es in der Pflege nicht, das ist ihm rasch klar geworden. Den Frust hatte er früher regelrecht in sich „hineingefressen": „Gerade Auszubildende haben oft wenig Geld und sind schnell in Gefahr, sich ungesund zu ernähren." Nun aber hat Joy-Samuel 40 Kilo abgenommen, betreibt Sport und versucht als Food-Blogger Menschen zu helfen, die Ähnliches erlebt haben. „Überall liegt etwas Süßes und die Zeitnot verführt zu Fast Food. Meine Rezepte haben schon manchen Kolleg*innen geholfen." Durch seine Hobbys Sport, Kochen und vor allem Musik hat er nicht nur sich selbst gestärkt. Im Pflegealltag bekommt er viele dankbare Rückmeldungen von älteren Damen und Herren, wenn er ihnen ihr Lieblingsgericht kocht oder sie mit seiner Gitarre, dem Piano und Liedern unterhält, die er ihnen vorsingt.

Ich habe heute viel zugehört und auf meine Frage, was sein sehnlichster Wunsch ist, antwortet er: „Ich möchte Menschen das geben, was mir gegeben wurde, damit ich mir selbst helfen konnte." Er macht eine kleine Pause und ergänzt deutlich nachdenklicher: „Und das, was man ihnen vorenthalten hat, denn ich sehe und spüre sofort, wenn jemand leidet, ungerecht behandelt oder ausgenutzt wird."

„Joy-Samuel, ich habe in der letzten Stunde von all den Hürden gehört, die du angegangen bist, von den Stärken, die du entwickeln konntest. Ich freue mich, dass ich heute einen starken Typen kennenlernen durfte. Meine letzte Frage: Was macht dich wirklich glücklich?"

Er überlegt nicht lange, sondern verkündet mit ein wenig Stolz in seiner Stimme: „Wenn Menschen auf der Pflegestation sagen, dass ich ihnen sehr gut zuhöre!"

Daniela Rost
exam. Kinderkrankenschwester,
in der häuslichen Kinderintensivpflege tätig

Krümel im Bett

In der häuslichen Pflege wird nicht nur die zu behandelnde Person allein gesehen, sondern es immer ist eine Versorgung der ganzen Familie. Clara, anderthalb Jahre alt, ist schwerst-mehrfach erkrankt, auf eine Beatmungsmaschine angewiesen und wird rund um die Uhr von Intensiv-Kinderkrankenschwestern in ihrem Zuhause betreut.

Ihre Schwester Lisa ist sechs Jahre alt. Eigentlich ein sehr aufgewecktes fröhliches Mädchen, das aber zunehmend verschlossener wird. An einem Sonntagmorgen geht Lisa im Schlafanzug in das Zimmer ihrer kleinen Schwester. Clara wird gerade versorgt und Lisa steht mit einem sehr in sich gekehrten, traurigen Gesichtsausdruck daneben. Auf meine Frage, was los sei und ob sie nicht gut geschlafen habe, antwortete Lisa: „Weißt du was, Schwester Ela, meine Freundin Lena darf am Wochenende immer mit ihrem Bruder im Bett frühstücken. Da Clara aber so krank ist, kann ich das ja nie machen."

Ich versprach Lisa darüber nachzudenken und nochmal mit ihr zu sprechen, wenn Clara fertig versorgt sei. In Absprache mit ihrer Mama haben wir Claras Bett so präpariert, dass Lisa bei ihrer kleinen Schwester im Bett frühstücken konnte. Ich sagte Lisa, dass ich ihre Idee toll fände, und dass Clara sich sicher freue, mit ihrer großen Schwester im Bett zu frühstücken. Lisa war sehr stolz. Als ich Lisa dann auch noch erklärte, dass die Nahrung, die Clara über die Magensonde bekomme, heute mal Rührei sei, gab es von Lisa noch einen Lacher dazu. Für einen Moment hatte sie ihre Unbeschwertheit zurück. Die Krümel-Entsorgung in Claras Pflegebett haben ihre Mutter und mich zwar vor eine sehr große Herausforderung gestellt, allerdings war der Preis dafür ein glückliches Geschwisterkind. Dies war alle Mühe wert!

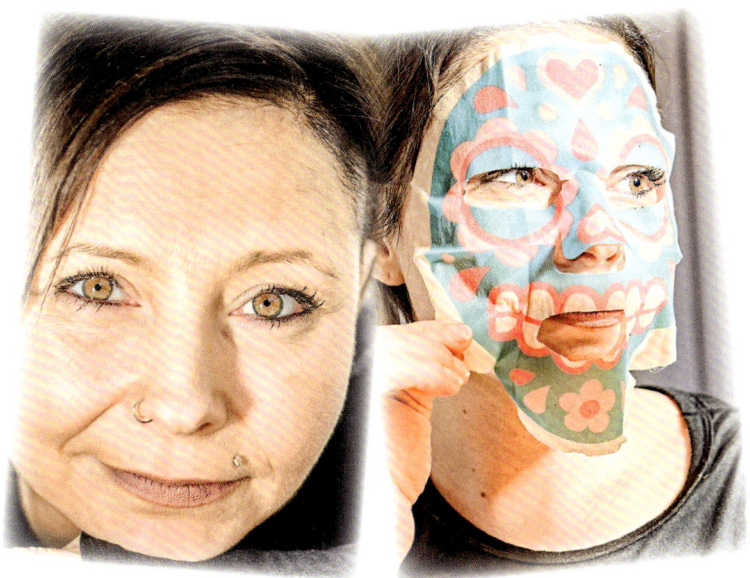

Nicole Schulz
Auszubildende als Pflegefachfrau

In der Pflege bin ich ein Teil im Leben der Menschen!

Schon in einer Videokonferenz der „Starken Pflege in Münster" vor vielen Wochen war es beeindruckend, wie sie ihre berufliche Biografie vortrug. Dieser Eindruck verfestigte sich bei unserem Treffen im Annengarten in Buldern, ihrer Arbeitsstelle. Nicole Schulz weiß genau, was sie will, und geht ihren Weg. Schon als Teenager machte sie positive Erfahrungen bei Praktika in der Altenpflege. Dennoch entscheidet sie sich zunächst für eine berufliche Zukunft als Friseuse. Sie beendet die Ausbildung erfolgreich, geht eine Beziehung ein und heiratet mit zwanzig Jahren. Zwei Töchter kommen zur Welt, die heute 15 und 19 Jahre alt sind. Die jüngere Tochter hat einen Gendefekt und es beginnt eine Odyssee durch Spezialkliniken im ganzen Land. Natürlich hinterlässt das Spuren, sensibilisiert und prägt diese Frau. Voller Dankbarkeit erlebt sie damals, wie ein Spezialist in Bayern es doch noch schafft, ihre Tochter vor einem Leben im Rollstuhl zu bewahren.

Den Töchtern ist in den vergangenen Jahren in vielen Gesprächen der Wunsch ihrer Mutter deutlich geworden, den erlernten Beruf aufzugeben und künftig in der Pflege zu arbeiten. Mit über 40 Jahren neu anzufangen und durch die vorgegebenen Schichtdienste würde das natürlich Einschränkungen für die Töchter bedeuten. Das ist allen klar. Die beiden spüren jedoch, wie sehr die Mutter sich nach einer Arbeit sehnt, bei der sie nicht mehr der „psychische Mülleimer" sein muss (in unserem Gespräch wiederholt sie dies unbewusst mehrfach, ohne es zu merken), sondern wirklich gebraucht wird. Nicole beginnt als ungelernte Kraft bei einem ambulanten Pflegedienst, spürt aber schnell, dass ihr dort die Zeit fehlt, eine Beziehung zu den Menschen aufzubauen wie in einer Familie. Durch einen glücklichen Zufall trifft sie ihren künftigen Chef im Annengarten, der ihr empfiehlt, dort eine Ausbildung zu machen. Sie sagt zu und erlebt nun, was sie sich gewünscht hatte: kleine Gruppen, den Menschen Zeit lassen, es darf auch mal länger dauern. Die Mitarbeitenden werden durch einen günstigen Personalschlüssel entlastet, außerdem werden viele moderne, die körperliche schwere Arbeit erleichternde Geräte angeschafft. Die Gemeinschaft wird gepflegt, viele Veranstaltungen wie ein spontanes Grillen unter dem Apfelbaum im Garten oder vielfältige Lesungen lockern den Alltag auf.

Frau Schulz ist stolz: „Obwohl der Lockdown für alle schlimm war, hat er bei uns eben dazu geführt, dass wir hier noch mehr Zusammengehörigkeit erleben durften. Wenn ich am Morgen die Gruppe auf der Demenzstation wecke, dann geschieht das ganz behutsam. Ich setzte mich auf die Bettkante von Frau Gerhard und halte ihre Hand. Sie hat Angst aufzustehen und festzustellen, was sie alles vergessen hat. Ich mache etwas Gehirnjogging mit ihr. Dazu gehen wir ihre Fotoalben durch und sie beginnt diese zu kommentieren, gewinnt Sicherheit und kann jetzt angstfreier in ihren Tag starten. Für mich zeigt das Lob von Frau Semmelrogge, die zur Kurzzeitpflege bei uns war, dass wir vieles richtig machen: ‚Es ist ja hier wie in einem guten Hotel mit Wellness.' Natürlich bin ich am Ende eines solchen Tages gut geschafft. Die Betonung liegt aber auf gut. Zuhause wartet als Lebenselixier ein starker Kaffee auf mich. Der Hund will mit mir nach draußen und ich komme runter. Am nächsten Tag mache ich mich wieder auf den Weg und freue mich schon darauf anzukommen, denn dort fühle ich mich ebenfalls familiär aufgehoben." Ich möchte noch wissen, was sie empfindet, wenn sie an ihre auf vielen Ebenen zugleich fordernde Ausbildung denkt.

„Natürlich fällt mir das Lernen in meinem Alter nicht mehr so leicht, aber meine Töchter helfen mir dabei. Die Arbeit im palliativen Bereich und das Kennenlernen neuer Bereiche reizen mich sehr und die Vorfreude darauf ist größer als die Sorge um Überforderung. Hier bin ich eben nicht der psychische Mülleimer wie oft als Friseuse, sondern ein wichtiger Teil im Leben der Menschen."

Angelika von Remmersheim
Pflegefachfrau in Würzburg

Das ganz andere Testament

Immer wenn ich das Zimmer von Herrn König betrat, spürte ich, dass dieses Zimmer, dieser Mann, etwas Besonderes ausstrahlte. Lange Zeit habe ich es nicht verstanden, manchmal dachte ich: „Angelika, du bildest dir da etwas ein, mache deine Arbeit und spinne nicht herum!" Meine Aufgaben in diesem Zimmer erledigte ich sehr fokussiert und bewusst, sie waren aber dennoch stets von einer gewissen Leichtigkeit getragen. Herr König, ein Gentleman der alten Schule, machte niemals Probleme. Vielmehr versuchte er mir bei meiner Arbeit entgegenzukommen, wobei seine ausgesuchte Höflichkeit sehr hilfreich war. Nur beim Waschen hatte ich den Eindruck, dass er es als etwas peinlich empfand, so abhängig geworden zu sein. Seinen Kindern Julia und Konrad hatte er frühzeitig sein Testament vorgelesen, das beim Notar hinterlegt worden war. Anders als ich es leider oft erleben muss, gab es in diesem Fall überhaupt keine Schwierigkeiten oder Streitereien um den Nachlass. Herr König war auf eine nicht im Geringsten frömmelnde Art tief gläubig und ließ das auch erkennen. Früher hatte er jedes Jahr mit seiner verstorbenen Frau eine Wallfahrt nach Altötting in Bayern gemacht. Stolz zeigte er mir regelmäßig die Andenken, die er damals von den Pilgertouren mitgebracht hatte.

Seine schnell fortschreitende Krebserkrankung ließ Herrn König nicht mehr viel Zeit. An einem Dienstag im Oktober verschlechterte sich sein Zustand zunehmend und wir riefen frühzeitig einen Pfarrer. Nachdem er Herrn König die Sterbesakramente gespendet hatte, beugte er sich tief zu ihm herunter. Herr König flüsterte noch etwas, bevor er ihm einen Umschlag mit dem Schriftzug „Mein wirkliches Testament" gab. Natürlich machte mich das sehr neugierig und ich war vollkommen überrascht, als mir der Pfarrer einige Tage nach der Beerdigung das Testament mit den Worten zum Lesen freigab: „Herr König hat mich gebeten, es Ihnen nach seinem Tod zu geben."

„Mein wirkliches Testament"

Wenn ich mal nicht mehr sein werde
dann werden Sie Fotos finden, die Ihnen nichts sagen
und ein kleines Modellauto meines ersten VW Käfers.
Sie werden meinen kleinen Notizblock finden
und mit den Eintragungen nicht viel anfangen können.
Sie werden auch meine Ehrennadel vom
„CLUB" (1. FC. Nürnberg) finden.
Sie werden im Schrank unter den von mir
so geliebten Büchern das Bild
finden, das unser kleiner Konrad mit sechs
Jahren gemalt hat, mit der Widmung:
„Für meinen tollen, lieben Papa"
und auch die vielen schönen Andenken an
Altötting werden Sie finden, die Sie ja kennen
Wenn ich nicht mehr sein werde,
wird das Wissen, das Gefühl, was ich mit all dem verbunden habe
nicht mehr sein.
Wenn ich gehe,
dann wird all das mit mir gehen
zurück bleiben nur Gegenstände, Überreste,
allenfalls Zeichen
und das ist auch irgendwie ganz gut so

Was wirklich wichtig ist,
das werde ich mitgenommen haben,
wenn ich heimgegangen bin.

Arno Kröger
Pflegedienstleitung im Ev. Seniorenzentrum Meckmannshof
in Münster

Die doppelte Wunde

Vor zwanzig Jahren betreute ich als ambulanter Pfleger Frau Hoffmann, die auf einem abgelegenen Kötterhof im südlichen Münsterland lebte. Ihr Mann Georg war schon vor vielen Jahren verstorben. Diese alte Dame, die das Leben und damit zugleich die Begegnungen mit Menschen so sehr geliebt hatte, besaß nur noch „Elskes Jupp", einen weitläufigen Bekannten, der sich ab und zu um die Einkäufe und die Tiere kümmerte. Vielleicht hielt sie deshalb trotz ihres schlechten Gesundheitszustands verschiedene Kleintiere, Hühner, Gänse sowie Katzen und Hunde. Die hygienischen Zustände auf dem Kötterhof waren katastrophal. Die Katzen und Hunde schliefen bei Frau Hoffmann im Bett. Sie war aber nicht dement und so gab es für uns kaum Möglichkeiten, etwas gegen die zunehmende Verwahrlosung zu unternehmen. Wenn eine Person, die noch über sich bestimmen kann, so leben möchte, dann ist das ihr Recht.

Ihr offenes Bein musste täglich neu verbunden werden. Ich wunderte mich rasch, dass die Wunde so schlecht heilen wollte und es gab für mich nur eine plausible Erklärung: Frau Hoffmann öffnete selbst den Verband, ritzte die Wunde auf und gab Handcreme hinein. Immer wieder kam es dadurch zu Neuinfizierungen und in der Folge zu Krankenhauseinweisungen. Wenn die Wunde danach frei von einer Infektion war, manipulierte Frau Hoffmann die Verbände wieder und das „Spiel" begann erneut.

Nur der tägliche Verbandswechsel durch unseren Ambulanten Dienst sorgte noch für einen Kontakt zur Außenwelt. Frau Hoffmanns Einsamkeit, ihre Begegnungsarmut und das Gefühl von allem abgeschnitten zu sein, erschienen ihr wohl erheblich bedrohlicher als die Gefahr durch die ständigen Infektionen. Sie wollte ihren einzigen regelmäßigen Kontakt um keinen Preis verlieren. In der medizinischen Fachsprache nennen wir so ein Verhalten: „Sekundärer Krankheitsge-

winn". Die ganze Dimension, die dahinterstehende seelische Not wird
damit jedoch nur angedeutet.

*(Die Namen der handelnden Personen in der
Geschichte wurden anonymisiert)*

Julia Henneberg
Pflegerin auf einer Palliativstation

Frau Mikkelberg ist jetzt meine „Beste Freundin"

Meine Freundinnen haben mich damals für verrückt erklärt, als ich ihnen vor fünf Jahren sagte, dass ich die Ausbildung zur staatlich anerkannten Pflegerin machen werde. Schon damals – also noch vor Corona – war das Image dieses Berufs ziemlich negativ. „Willst du dir das wirklich antun, Julia?", schallte es mir sogar von Laura entgegen, meiner damals „Besten Freundin". Immer wieder hatte ich von meiner Mutter, einer Überzeugungstäterin, mitbekommen, wie erschöpft sie nach ihrer Arbeit „auf Intensiv" war. Zugleich hat sie mir jedoch vermittelt, wie sehr sie in ihrer Arbeit aufgeht und fast täglich Wertschätzung in völlig unterschiedlicher Weise erhält. Einmal ist es das Lob eines Arztes, dann sind es die Blumengeschenke von den Angehörigen eines Patienten. Am häufigsten aber sind es die Augen der Menschen, die sie pflegt und die ihr ohne Worte zeigen, wie wichtig ihre Arbeit ist. Für mich kam die Intensivpflege allerdings nicht in Betracht.

Ich bin nun schon seit zwei Jahren Pflegerin auf der Palliativstation im St. Anna-Krankenhaus. Der Kontakt zu Laura ist etwas abgekühlt. Wenn ich gefragt würde, wer aktuell meine „Beste Freundin" ist, würde ich ohne Zögern sagen: „Frau Anita Mikkelberg". Anita hat mit ihren 90 Jahren so einige körperliche Handicaps, aber im Kopf ist sie fit und hat ein großes Herz. Jeden Dienstag bleibe ich freiwillig und ohne Bezahlung noch länger bei ihr. Wir spielen gemeinsam Scrabble oder betrachten alte Fotos, knacken dabei Nüsse und vor allem lachen und albern wir ganz viel herum. Von ihr habe ich eine Menge gelernt über eine Zeit, von der ich ansonsten nur aus Filmen oder Büchern wusste. Nicht ohne Selbstironie erzählt sie Geschichten, die mich immer wieder staunen lassen. Die Prognose ihrer Krankheit (Multiple Sklerose) sieht leider gar nicht gut aus und der letzte „Schub" hat ihre Möglichkeiten, aktiv am Leben teilzunehmen, doch stark eingeschränkt. Als Anita erstmals ganz offen über ihren nahen Tod sprach, war ich sehr betroffen.

Inzwischen ist das völlig anders. Wir sprechen das Thema eher nur „so nebenbei" an, und wenn, dann reden wir tatsächlich angstfrei darüber.

„Solange du bei mir bist, Julia, fehlt mir nichts", sagt sie, lacht dabei und kündigt an, dass ich heute beim Scrabble keine Chance haben werde!

(Namen der Personen und Einrichtungen wurden verändert)

Frank Holtkamp
Pflegeassistent

Sein Aufstieg aus der Modebranche in die Pflege

Schon früh hatte Frank Holtkamp ein Faible für schöne Dinge. Nach der dreijährigen Ausbildung arbeitete er mehrere Jahre in Borken als Einzelhandelskaufmann in der Modebranche. Anschließend zog es ihn zu einem noblen Bekleidungsgeschäft am Münsteraner Prinzipalmarkt. Aber mit 50 Jahren beginnt er noch einmal ganz von vorne, in einem diametral anderen Beruf. Was ist da passiert? War es für ihn ein Abstieg oder doch ein Aufstieg? Ich bin total neugierig auf meinen heutigen Gast am gelben Tischchen vor der Penatenvilla. Überaus freundlich und gut angezogen steht er pünktlich am Gartentörchen.

Der Mann hat Manieren, einen guten Geschmack für Kleidung und wirkt auf mich sehr sympathisch; also gute Voraussetzungen, um in der Modebranche erfolgreich zu sein. Warum er schließlich Pflegeassistent geworden ist, das wird im Laufe unseres angenehmen Gesprächs deutlich.

Ein Schlüsselerlebnis gibt einen ersten Hinweis: Frank träumte von einem gestylten Mann, der täglich mit einem modischen Koffer sein Haus verlässt und am Abend dort wieder ankommt. Dazwischen dreht sich alles um Hüllen, um Äußeres, nie um den Kern der Menschen. Es wird ihm immer klarer, dass er sich aber eigentlich genau für das interessiert, was einen Menschen wirklich ausmacht. Er outet sich mit seinem Wunsch zunächst nur vor seinen besten Freunden. Viele langjährige Bekannte aus der Branche dagegen schütteln mit dem Kopf und sind sich sofort einig: Herr Holtkamp wird einen Abstieg erleben! Das gesellschaftliche Ansehen, die finanziell sehr gute Ausstattung und die vielen Annehmlichkeiten freiwillig gegen ein Leben einzutauschen, in dem man häufig unangenehme Tätigkeiten ausüben muss – das ist den meisten unverständlich. Pflegende tragen üblicherweise Einheitskleidung und müssen häufig schlechte Gerüche ertragen.

Entgegen diesen Befürchtungen schwärmt Herrn Holtkamp mit einem zufriedenen Gesichtsausdruck von seinem neuen Beruf: „Ich wurde im Team wunderbar aufgenommen, die Zusammenarbeit ist erheblich angenehmer. Niemand bedient sich seiner Ellenbogen, gegenseitige Wertschätzung und Respekt sind selbstverständlich. Am Ende des Tages geht es nicht um den zählbaren Gewinn, sondern um die Freude, gemeinsam Menschen bei ihrer Genesung geholfen zu haben." Er erläutert das an einem Beispiel aus seinem alten beruflichen Leben. „Im Beisein meines früheren Chefs erklärte ich Herrn B., dass das mit seiner gewünschten neuen Hose heute wohl nichts mehr werden würde. Diese hätten wir nicht im Sortiment, würden sie aber natürlich besorgen können. Dieser Kunde erzählte unserem Chef später einmal, dass er auch deswegen zum Stammkunden geworden sei, weil er hier ehrlich behandelt werde. In der Pflege achten wir ganz bewusst nicht auf die Äußerlichkeiten eines Menschen, sondern auf seinen Kern. Ehrlichkeit ist da unverzichtbar. Als mein bester Freund, der ebenfalls in der Pflege arbeitet, einmal erschöpft von der Arbeit kam und sagte ,Heute habe ich wieder einmal einen Menschen tot gepflegt!', da wurde mir klar, dass ich gefordert war. In den Wochen zuvor hatte er mir immer erzählt wie er liebevoll den Patienten in seinem Sterbeprozess begleitet hatte; nun brauchte mein Freund selbst Hilfe.

Ich spüre jetzt, in meinem neuen Beruf, dass ich als Mensch gefordert bin; es geht eben nicht mehr nur um das richtige Hemd, es geht um mehr und damit fühle ich mich jetzt auch als ganzer Mensch, nicht mehr nur als Modefachmann gefordert, das macht zufrieden!"

„Woher nehmen Sie Ihre Motivation für die Tätigkeit?", will ich wissen. „Ich laufe in der Gruppe und schwimme regelmäßig." Jetzt macht er eine kleine Pause und schaut in unseren kleinen Garten, bevor er ergänzt: „So wie es hier viele schöne Dinge zu entdecken gibt, möchte auch ich in meiner Freizeit kreativ sein. Ich liebe es, aus scheinbar wertlosen Gegenständen Schönes zu gestalten." „So ganz hat Sie der ehemalige Beruf also doch nicht losgelassen", werfe ich ein. Die Antwort kommt sofort: „Stimmt, aber ich habe jetzt einen ganz anderen Schwerpunkt und bin zufriedener. Ich erzählte Ihnen eben von meinem Traum mit dem ‚Koffermann', aber da gab es noch ein weiteres Erlebnis." Ich bin sehr gespannt und er fährt fort: „Wie an jedem Morgen springe ich um fünf Uhr aus dem Bett und mache mich auf den Weg zur Arbeit. Da schießt urplötzlich ein Gedanke durch meinen Kopf: Ich kann einfach so aufstehen, aber da, wo ich jetzt hinfahre, da wartet ein Mensch darauf, dass ich das tue, ansonsten kommt er nicht aus dem Bett. Diesen Sinn in meiner Arbeit habe ich früher so nicht erfahren." Frank Holtkamp setzt sich gerade und ich spüre, er will so etwas wie ein Fazit ziehen: „In meinem neuen Beruf, in der Pflege mache ich erheblich mehr Umsatz als früher und die Rendite ist höher, nur eben in einer völlig anderen ‚Währung'. Der Wechsel war eindeutig ein Aufstieg, kein Abstieg!"

Elisabeth Sturm
ehrenamtliche Mitarbeiterin in einem Seniorenzentrum

„Liebe ist nicht nur ein Wort, ...

... Liebe, das sind Worte und Taten", denn karitatives Handeln und Wirken ist ohne liebevolle Zuwendung und helfende Taten nicht denkbar. Karitatives Wirken ist immer ein Handeln für und mit Menschen in besonderen Lebenssituationen. Es setzt Geduld, Verständnis und Einfühlungsvermögen voraus. Die Begegnung muss auf Augenhöhe stattfinden.

Im Rahmen meines ehrenamtlichen Mitwirkens in der Gemeindecaritas lernte ich eine alleinstehende Dame kennen. In den ersten drei Jahren habe ich Frau K. zu Einkäufen, zu Arzt- und zu Friseurbesuchen begleitet.

Als für Frau K. das Treppensteigen immer beschwerlicher wurde, machte ich ihr den Vorschlag, in eine Senioreneinrichtung zu ziehen. Sie nahm diesen Vorschlag dankbar an. Ein Gesprächstermin mit der Leitung des von Frau K. gewünschten Hauses war damals schnell vereinbart und nur wenige Wochen später konnte der Umzug realisiert werden. In den ersten drei Jahren habe ich sie weiterhin einmal wöchentlich besucht, dann wurden daraus zwei Besuche und zum Schluss oft gar drei und mehr. In der Folgezeit lernte ich nicht nur den Alltag im Wohnbereich näher kennen, sondern auch das Team und all die anderen Bewohner*innen. Es dauerte nicht lange und das „Helfersyndrom" in mir meldete sich. Fortan fuhr ich einmal wöchentlich schon um 6.30 Uhr in der Frühe in die Senioreneinrichtung. Ich deckte den Frühstückstisch für alle, die zum Essen in den Speiseraum neben der Küche kamen und richtete das Frühstück nach den Wünschen der Bewohner*innen auf Tellern an. Äußerten sie nach dem Frühstück den Wunsch wieder in ihr Zimmer zu gehen, begleitete ich sie. Das Team des Wohnbereiches war dankbar für diese Hilfe, konnten sie dadurch den bettlägerigen Bewohner*innen etwas mehr Zeit widmen.

Nach ein paar Jahren nahm bei Frau K. die demenzielle Erkrankung weiter zu und ich wurde angefragt, ob ich bereit sei, für sie eine rechtliche Betreuung zu übernehmen. Zu dem Zeitpunkt begleitete ich Frau K. schon fast 13 Jahre. Ich möchte keine Stunde mit Frau K., den anderen Bewohnerinnen, den Bewohnern, den Pflegekräften im Heim und den vielen Angehörigen missen.

Schwierig war es nur mit jenen Angehörigen, die bei jedem Besuch etwas zu „klagen" hatten. Entweder hatte Mutter einen Flecken auf der Bluse oder Vater hatte nicht den richtigen Anzug zum Ausgehen an. Letztendlich ging es meistens nur um Kleinigkeiten, die bei einer Eins zu Eins Betreuung vielleicht selten oder gar nicht vorkommen. In einer Gemeinschaftseinrichtung sieht es nun einmal etwas anders aus.

Ich bin dankbar, dass ich die Möglichkeit hatte, den Alltag in einer Senioreneinrichtung über einen langen Zeitraum kennenzulernen. Dankbar bin ich auch für den jährlich stattgefundenen „Dankeschön-Abend" für die Ehrenamtlichen. Wir wurden nicht nur vom Küchenteam kulinarisch verwöhnt, sondern durften auch musikalische Genüsse erleben!

„Liebe ist nicht nur ein Wort, …", ein Liedtext von Eckart Bücken (*1943).
Er ist Diakon, Autor, Herausgeber, Chorleiter und
Textautor vieler neuer geistlicher Lieder

Evelina (Eva) Uken geb. Hoffmann
Bekannte und Kolleg*innen in der Pflege nennen sie
auch Kniazia
Auszubildende zur Pflegefachkraft

Kniazia und die Pflege:
eine Win – Win – Situation!

Mit viel Power und ihrer knallroten, extrem sportlichen Leeze kommt eine starke Frau zu unserer Verabredung angerauscht. Ein Gewitter ist angekündigt, und ich schlage vor, besser in meine Penatenvilla zu gehen. Sie entgegnet bestimmt: „Wir setzen uns erst einmal an das gelbe Tischchen dort und gehen hinein, wenn es blitzt und donnert." Fehlt nur noch ein „Basta!". Die ganze Begrüßung macht dem Projekt „Starke Pflege - Starke Typen" bereits alle Ehre; wobei ich nicht wirklich ahne, was mich in den nächsten zwei Stunden erwartet.

Geboren 1987 in Posen (Polen), wächst sie neben einem Friedhof auf und verdient sich mit sechs Jahren erstmals bei Beerdigungen ein Taschengeld, das ihr die Mutter aber nicht allein gönnt. Wenig später sieht sie den Film „Titanic" und ist über das Ende verärgert. Ihr Entschluss steht fest: Ich schreibe das Buch neu! Kate Winslet sowie Leonardo di Caprio, die das Liebespaar im Film spielen, werden bei ihr überleben. Das Buch verschafft ihr gute Zusatznoten bei ihrer begeisterten Lehrerin, während die Mitschülerinnen eher neidisch reagieren. Kniazia beginnt regelmäßig Tagebuch zu schreiben und gewinnt Preise mit einer Theatergruppe, wo ihr Talent als Schauspielerin offensichtlich wird. Die Vorliebe für das absurde Theater führt sie mit 16 Jahren zum Theater „Zamek" (ein Schloss in Polen bei Lancut), wo diese Richtung im Vordergrund steht. Es ist nur konsequent, dass sie, nachdem sie mit ihrem Freund nach Deutschland kam, beginnt, Theaterwissenschaft in Bochum zu studieren. Zwei Auslandssemester schließen sich an und nichts scheint der Entwicklung einer tollen Karriere im Weg zu stehen. Sie liest das Buch „Witwe für ein Jahr" von John Irving und lässt sich davon zum Squash-Spielen inspirieren. Natürlich betreibt sie diesen Sport sogleich mit vollem Einsatz, es kommen Joggen, Tabata-Workout und Spinning hinzu. Die neu entfachte Liebe zum Sport führt dazu, dass sie Fitness- und Gesundheitstrainerin wird. In dieser Zeit verlangt ihr Partner von ihr, sich entweder für die Gründung einer Familie oder für die Schauspielkarriere zu entscheiden. Sie gibt dem Wunsch nach und bekommt kurz hintereinander zwei Kinder (heute vier und sechs Jahre alt). Das Theater muss warten und dann kommt Corona. Der Lockdown vernichtet die Firma „Trommeltheater" des Mannes und zu den finanziellen Problemen kommen Beziehungsprobleme.

Die sich anbahnende Karriere ist gestoppt, scheint endgültig beerdigt zu sein. Kniazia nimmt kleine Jobs in der Pflege an und erinnert sich wieder an ihre heißgeliebte Uroma. Schon mit zwölf Jahren pflegte sie in Polen diese alte Dame. Ihr Onkel konnte es nicht und die aufkommende Demenz der Uroma verstärkte die Herausforderung noch. Kniazia reichte ihr täglich das Essen an und badete sie. Sie konnte der geliebten Uroma eben nicht vergessen, was diese früher alles für sie getan hatte. Ich spüre, dass ihr Entschluss zu einer Pflegeausbildung eine ganz entscheidende Wurzel in dieser frühen Phase hat. Die bis jetzt so quirlig wirkende Frau erzählt nachdenklich von einem prägenden Ereignis: Nachdem die Uroma gewaschen und versorgt war, ging Kniazia eines Tages mit ihrem Freund zu einer Lesung, auf die sie sich sehr gefreut hatte. Ohne ersichtlichen Grund begann sie dort mit einem Mal zu weinen. Auf dem Rückweg sah sie schon von weitem eine Kerze, die bei der Uroma im Fenster ihrer Wohnung brannte. Tatsächlich hatte ihre Mutter diese angesteckt, denn die Uroma war genau in dem Augenblick gestorben, als Eva bei der Lesung so plötzlich zu weinen begann.

Ihr Hang zur Schauspielerei, zum absurden Theater, sowie ihr Wunsch, das Studium doch noch zu beenden, all das scheint aber bei ihr lebendig geblieben zu sein. Immer wieder erlebe ich, dass sie von den vielen Dingen schwärmt, die sie interessieren: „Ich habe den Kopf voll mit Ideen, tausend Sachen könnte ich machen", doch dann verwandelt sich ihre Begeisterung und sie schaut fast melancholisch drein: „Der rote Faden fehlt mir bei all meinen Träumen und Interessen." Jetzt lege ich Protest ein: „Bei unserem letzten Treffen mit den Verantwortlichen des Projekts ‚Starke Pflege - Starke Typen' in der Johanniter-Akademie, da bilde ich mir ein ihn gesehen zu haben. Sie haben begeistert von Ihrem ‚Waschlappenprojekt' erzählt. Wenn Sie wirklich absurdes Pflegetheater im Klarastift realisieren möchten, dann ist auch noch mehr denkbar. Die Pflege würde doch zu 100% von einem solchen Projekt profitieren und Sie könnten Ihre Passion endlich leben; außerdem wäre der rote Faden geknüpft und eine Win-Win-Situation entstanden." Kniazias Gesicht zeigt nun eine ganz andere Botschaft als noch vor wenigen Minuten, und sie beginnt zu sprudeln: „Absurdes Theater in der Pflege, das könnte bedeuten: Die Waschlappen beginnen zu streiken, denn sie wurden zu heiß gewaschen und schlecht behandelt. Sie halten Kriegsrat und ent-schließen sich zur Flucht aus dem Altenheim. Die Pflegedienstleitung stellt jetzt Bodyguards ein, um das und damit den endgültigen Pflege-notstand zu verhindern." Da unterbricht sie sich selbst, schaut mich an und ich sehe die Leidenschaft in ihren Augen, als sie verkündet: „Den Ausgang werde ich Ihnen jetzt noch nicht verraten!" Ich genieße es, wie entschlossen und klar sie jetzt wirkt und sinniere schon über einen möglichen Titel für das Theaterstück.

Jana Kefaleas
examinierte Gesundheits- und Kinderpflegerin

Trockener Humor kann Wunder bewirken

Heute Abend bin ich allein auf der Station, aber Frau Zellwang kennt keine Gnade. Ich springe zwischen zwei oder gar drei Notfällen von Zimmer zu Zimmer, und sie bedient fleißig wegen absoluter Kleinigkeiten die Klingel. Mal hängt die Gardine schief oder der Fernseher ist zu laut, vielleicht soll nur das Bettzeug aufgeschlagen werden. Ich möchte dem Stress nicht erlauben, mich zu vereinnahmen; denn wie man mir in der Ausbildung beigebracht, gibt es immer Gründe für ihr Verhalten. Wie kann das gelingen? Meine Kollegin Anna behauptet, dass mein schwarzer Humor mich in solchen Situationen häufig rette.

Etwas außer Atem hetze ich zum wiederholten Mal zum Zimmer 308. Während ich die rote Rufleuchte lösche, kommt mir die rettende Idee. Mit ernster Miene teile ich Frau Zellwang mit: „Sie haben völlig recht mit der Gardine. Das geht überhaupt nicht mehr, und deswegen kommt morgen der Handwerker. Die Gardinen müssen weg! Die Bilder übrigens auch, denn die hängen eindeutig schief." Ungläubig schaut mich die alte Dame an, bevor sie in ein schallendes Gelächter verfällt, dem ich mich gerne anschließe. An diesem Abend hat sie nicht mehr geklingelt und am nächsten Tag meinte sie gar, dass ihre Schmerzen etwas nachgelassen hätten.

Ich versuchte in den folgenden Wochen die gute Entwicklung zu nutzen. Frau Zellwang sollte sich unbedingt mehr bewegen und sich nicht ausschließlich auf den Rollator verlassen. Meine Ermutigungen bewirken allerdings Unmut, Stirnrunzeln und schließlich offenen Widerspruch. So leicht lasse ich mich nicht entmutigen: „Frau Zellwang, ich würde es an Ihrer Stelle einfach probieren. Ich bin in Ihrer Nähe und es kann nichts passieren." „Das sagen Sie so einfach, Frau Kefaleas, aber es ist schon so, dass wir nicht gleich sind." Jetzt hebe ich meine Stimme und entgegne ihr deutlich und mit entsprechender Mimik und Gestik: „Da haben Sie aber wirklich recht, denn wenn wir gleich wären, hätten wir ja auch die gleichen Männer!" Während Frau Zellwang mir gestenreich und mit gellendem Lachen recht gibt, verlässt sie wie selbstverständlich den Rollator. Ich stütze sie zunächst noch und bin erfreut, wie selbstständig sie einige Schritte gehen kann.

Robin Sander
Pflegeschüler

Von der Hobelbank in die Pflege

An diesem sonnigen Nachmittag bin ich mit Robin verabredet. Robin ist pünktlich und sommerlich gekleidet. Es ist sein erster Urlaubstag, was seine gute Laune noch befeuert. Noch bis Juli ist er für drei Monate im Praktikum des ambulanten Dienstes. Außerdem hat er täglich in einer Wohngemeinschaft mit zwanzig dementen und nicht dementen Bewohnern*innen zu tun. Er ist nun im zweiten Jahr seiner Ausbildung.

Robins Vorgeschichte ist spannend. Der gelernte Tischler hat ein Studium bei der Polizei ausprobiert und war als Dachdecker tätig. Er engagierte sich im Katastrophenschutz und fuhr hauptamtlich Krankentransporte. Hier liegen die Wurzeln für seine Leidenschaft, in der Pflege zu arbeiten; diese Begeisterung kann man gut nachvollziehen, wenn man hört, was er über seine frühere Tätigkeit als Tischler berichtet: „Immer wollte ich den Erfolg meiner Arbeit auch sehen, was als Tischler eigentlich gelingen sollte. Ich fühlte aber nichts. Jetzt erlebe ich im pflegerischen Alltag und vielen Gesprächen, wie es ist gebraucht zu werden. Ich spüre und erfahre Dankbarkeit, nicht immer mit Worten, manchmal nur mit einem Lächeln. Es ist wunderbar, wie wir uns als Team immer wieder auffangen und stärken. Der Spaß und das gekonnte ‚Foppen' sind dabei nicht unerheblich. Wir können uns aufeinander verlassen und spüren, dass es anders gar nicht ginge. Wie neulich, als Erich starb. Er war uns allen ans Herz gewachsen. Es war toll, wie er mit seiner ausgeprägten Demenz umging. Wenn man Erich etwas fragte, dann lächelte er zurück und wir spürten, dass er selbst Freude hatte mit seiner immer gleichen Antwort: ‚Weiß ich nicht, muss ich auch nicht mehr wissen, weil ich Demenz habe.'" Robin erklärt mir ausführlich, wie liebevoll die Trauer und Erinnerungsarbeit nach Erichs Tod von wirklich allen auf dem Wohnbereich gelebt wurde.

Woraus er die Kraft für seine Tätigkeit zieht? „Da ist an erster Stelle meine Freundin, die vollkommen hinter mir steht. Lob und Anerkennung durch die Kolleg*innen sind aber ebenso wichtig dafür. Außerdem ist da der Fußball. Nach meiner aktiven Zeit habe ich 2014 einen Lehrgang als Schiedsrichter gemacht und pfeife seit der Zeit Spiele in der Kreisklasse. Aus diesem Hobby ziehe ich nicht nur neue Kraft, sondern lerne in Sekundenschnelle die richtigen Entscheidungen zu treffen, was in der Pflege oft unerlässlich ist. Ich muss durchschauen können, ob es sich um eine Schwalbe handelt, Aggression vorliegt oder es nur Frust ist." Ich bohre weiter: „Robin, hast du Vorbilder als Schiri?" Sofort legt er sich fest: „Deniz Aytekin, der den Satz rausgehauen hat: ‚Der beste Schiedsrichter ist der, über den in der Sportschau nicht gesprochen wird.'" Robin denkt einen Augenblick nach und ergänzt: „Und Pierluigi Collina, der besaß eine natürliche, unantastbare Autorität und konnte die Körpersprache der Spieler wirklich lesen. Er war bestimmt, ohne dominant zu sein. All dies ist auch in der Pflege wichtig." Ich biete ich ihm selbstgebackene Plätzchen an und frage wie nebenbei: „Hast du bei der Polizei ebenfalls etwas gelernt, das dir heute hilft?" „Unbedingt! In hitzigen und schwierigen Situationen ruhig bleiben zu können, zu deeskalieren, das ist in meiner jetzigen Tätigkeit ebenso wichtig."

„Lieber Robin, ich würde gerne noch eine sehr persönliche Frage stellen, die du aber selbstverständlich ablehnen darfst." Er stimmt wortlos zu. „Du hast wiederholt davon gesprochen, wie wichtig für dich Anerkennung und Dankbarkeit sind. Hat es da vielleicht einmal eine Zeit gegeben, wo genau das fehlte?" Sein Gesicht verzerrt sich etwas. „Ja, die fünfte bis siebte Klasse waren die Hölle. In meiner Pubertät hatte ich deutlich an Gewicht zugenommen und wurde dafür gehänselt, gemobbt. Das waren Tiefschläge. Erst nachdem ich die Klasse gewechselt habe, hörte es auf, als ich neue, richtige Freunde fand. Heute kann ich mir selbst gefallen und mein Selbstbewusstsein wird durch jede Anerkennung und jeden Dank gestärkt." Ich lasse Robin bewusst Zeit, er denkt nach und ergänzt ein wenig bedeutungsschwer: „Vielleicht wollen viele in diesem Beruf Vorbilder im Helfen sein, weil ihnen Hilfe gefehlt hat, als sie diese selbst unbedingt brauchten. Die seelische Not kann Suizidgedanken hervorrufen und umgekehrt. Wenn das verdammte Mobbing aufhört, kann das Berge versetzen. Was man in solchen Situationen überhaupt nicht gebrauchen kann, sind dumme Sprüche wie: Alles wird gut. Die helfen niemandem, auch in der Pflege nicht!" Ich nicke und merke an: „Jetzt hast du aber Dampf abgelassen und gleichzeitig sehr gut erklärt, was mir noch nicht klar war, um dich besser zu verstehen. Eine allerletzte Frage bitte noch: Es kann ja nicht immer alles gut laufen, wie reagierst du dich denn nach Feierabend ab, wenn das mal so richtig nötig ist?" Ich muss nicht lange warten, die Antwort ist knapp und überzeugend: „Rammstein!"

Herta Frenzler
Fachfrau in der ambulanten Pflege in Münster

Frau Mielenbrink kann noch nicht gehen

Der Alltag in der Seniorenresidenz wird für die krebskranke Frau Mielenbrink immer beschwerlicher. Es sind aber nicht nur körperliche Einschränkungen. Wenn ich sie sehe, dann scheint sie mit ihren Gesten, ja sogar mit ihrem Gang sagen zu wollen: „Herta, ich möchte sterben, aber da ist noch etwas."

Die Krankheit schreitet weiter fort und ich besuche sie daher häufiger, auch einfach mal kurz zwischendurch. Gestern hat sie mir verraten, dass sie gerne ein Gläschen Sekt trinken würde. Ihr Arzt ist dagegen, aber ich hoffe, es könnte ihr nicht nur gefallen, sondern vielleicht ein Schlüssel sein. Für welches Schloss? Das erfahre ich drei Wochen später tatsächlich bei einem Glas Sekt.

Frau Mielenbrink erzählt mir von der langen zurückliegenden Zeit, als es ihr finanziell sehr schlecht ging. Sie wollte ihren Töchtern damals unbedingt etwas schenken: Gisela träumte von einer ganz bestimmten Perlenkette. Friederike dagegen wünschte sich so sehr die schöne Handtasche in Krokodilleder-Optik, die sie am Prinzipalmarkt entdeckt hatte. Beides aber konnte sie sich nicht leisten. Ganz offensichtlich hat sie nie verwunden, dass sie ihre Töchter damals so enttäuschen musste. Ich beschließe, umgehend mit den Angehörigen zu reden. Sie sind mit meinem Plan einverstanden und ich besorge sowohl die Perlenkette als auch die Handtasche. Beim Besuch der beiden Töchter in der nächsten Woche überrascht Frau Mielenbrink sie mit den Geschenken und strahlt über das ganze Gesicht.

Noch in der gleichen Woche ist Frau Mielenbrink friedlich eingeschlafen – jetzt konnte sie endlich gehen. Von mir fällt ebenfalls eine Last ab und mit großer Zufriedenheit und neuen Kräften kann ich mich wieder meinem Alltag in der ambulanten Pflege widmen.

Alexander Mahler
Heute Leiter der Pflege auf der Intensivstation im
Clemenshospital in Münster

Er hatte vorher nie geweint

Julia, eine junge Patientin auf unserer Intensivstation, war erst 24 Jahre alt und selbst Krankenschwester. Man hatte eine riesige Blutung in ihrem Kopf erkannt und die Aussichten auf Heilung waren leider sehr gering. Erst vier Wochen zuvor hatte ihr Jonas (26) nach einem tollen Urlaub an der Nordsee einen Heiratsantrag gemacht. Jonas ist Lehrer für Deutsch und Sport und bei seinen Schülerinnen und Schülern sehr beliebt. Nach kurzer Zeit musste Julia in ein künstliches Koma versetzt werden. Ihr Freund mietete sich in ein nahegelegenes Hotel ein und war täglich fast 16 Stunden bei ihr. Beim Abendbrot, das wir nach einem anstrengenden Tag auf der Station einnahmen, löste sich seine Zunge, und er erzählte mit funkelnden Augen von Julia und der wunderschönen Zeit am Meer. Seine Offenheit und Herzlichkeit beeindruckten mich sehr, sodass ich die gebotene Distanz nur schwer einhalten konnte.

Jetzt aber stand die Frage an, ob es zu einer Organtransplantation kommen darf, wenn Julia verstirbt. Sie hatte einen Organspenderausweis und immer davon gesprochen, wie wichtig es ihr sei, Leben zu retten. Als der Tag kam, an dem ihr Hirntod zweifelsfrei festgestellt wurde, sagte Jonas, dass er stark bleiben wolle. Nie hatte er in den Wochen zuvor geweint. Er durfte seine Julia noch bis zur OP-Schleuse begleiten, wo sehr persönliche Liebesbeweise aus ihm herausbrachen, aber schließlich konnte er die Tränen nicht mehr zurückhalten, weinte bitterlich und ohne Unterlass. Es konnten fast alle Organe und sogar die Netzhaut transplantiert werden, wodurch mehrere Menschen neue Hoffnung schöpfen durften.

In den Dankesbriefen, die Jonas später an alle Mitarbeiterinnen und Mitarbeiter unserer Station schrieb, schilderte er ausführlich die Zukunftspläne, die er gemeinsam mit seiner Julia geschmiedet hatte. Er habe uns in der langen Zeit der Sterbebegleitung wie eine richtig gute Familie erlebt. Eine Familie, in der es auch mal Unstimmigkeiten und Streit gab, aber in der allen stets klar war, dass man unbedingt aufeinander angewiesen ist und zusammenhält!

Khasan Musaev
in der Ausbildung zum Gesundheits- und Krankenpfleger

Ein starker Typ, der „Krankenbruder" aus Usbekistan

Bei echtem Schietwetter bin ich mit Khasan Musaev im Café verabredet. Er kommt pünktlich, direkt von seiner der Frühschicht von 06:30 Uhr bis 15 Uhr auf der psychiatrischen Station bei den Alexianern in Amelsbüren. Khasan wirkt mit seinen Erfahrungen, Wünschen und Ansichten auf mich sehr authentisch.

Vor sieben Jahren kam er aus Usbekistan nach Deutschland und hatte es schwer in seinen ersten zwei Jahren in Jena. Wie so viele Migrant*innen erlebte er Diskriminierung und die Ressentiments seiner Mitmenschen. Die negativen und frustrierenden Erfahrungen in Thüringen verarbeitete er bei guter Musik auf dem Laufband. Trotz anfänglicher Sprachprobleme gelang es ihm sich durchzubeißen und schon bald half er über ein Mentorenprogramm anderen, ebenfalls erfolgreich zu sein. Sein Deutsch ist mittlerweile hervorragend und seine bevorzugte Lektüre sind die russischen Klassiker von Tolstoi über Tschechow bis Dostojewski.

Als gläubiger Moslem wurde er von seinen Eltern geprägt, die eine der Fünf Säulen des Islam immer ganz besonders im Blick hatten. Bei dieser gilt es über Fasten, Almosen und durch soziale Teilnahme Gutes zu tun, ohne dabei auf Dank zu schielen. Khasan erklärt es mir so: „Wenn du 500 Euro in der Tasche hast, dann handle so, als ob es nur fünf wären, damit du den Menschen auf Augenhöhe begegnen und denen helfen kannst, die weniger haben."

Eigentlich wollte er BWL studieren, hat aber gegen die Vorstellungen der Eltern doch in den Pflegeberuf gefunden. In Usbekistan gibt es nicht nur Krankenschwestern, sondern auch Krankenbrüder und das wollte er künftig machen. „Das ist mein Ding!", erklärt er mir. Aber warum kein BWL, sondern die Pflege? Ich bohre hartnäckig nach, bis Khasan von einer lang zurückliegenden Erfahrung des damals 12-jährigen berichtet, von seinem Schlüsselerlebnis. Noch heute schmerzt es ihn, dass er seine geliebte Großmutter nur kurz erleben durfte. Das Bild der Oma, die immer nur Schmerzen hatte und die viel zu früh zu Hause sterben musste, verfolgt ihn. „Bei besserer medizinischer Betreuung und fachlicher Pflege wäre es anders gelaufen", ist er sich sicher. „Herr Nientiedt, es ist doch toll, wenn die Pfleger*innen in der Notaufnahme sofort fachlich richtig handeln und so Leben retten, bevor die Ärzte den Patienten überhaupt zu Gesicht bekommen. Einfach, weil sie das Richtige tun können und dafür ausgebildet wurden." Khasan strahlt, während er das sagt, und ich antworte: „Ja, du wirst sicher einmal ein sehr guter Krankenbruder werden."

Er verblüfft mich, indem er betont: „In Usbekistan sind die Krankenbrüder etwas privilegierter, sie haben die besseren Stellen im OP und auf den Stationen. Die Krankenschwestern dagegen müssen mit den einfachen Aufgaben vorliebnehmen. Ich finde es besser, dass es in Deutschland demnächst nur noch Pflegefachfrauen und -männer gibt. Diese Unterschiede sind dann endlich weg."

Ich nicke und frage ihn nach einer kurzen Gesprächspause: „Bist du für deine Hilfsbereitschaft und Empathie auch schon einmal belohnt worden?" Khasan zögert nicht lange und mit deutlichem Stolz erzählt er: „An dem Tag, an dem ich mein Probeexamen geschafft habe, war ich zuvor auf der Palliativstation. Ich saß lange am Bett von Frau Müller, der ich so gerne zuhöre; dann nahm sie meine Hand und schaute mich an: ‚Herr Musaev, danke dafür, dass Sie sich meine ollen Kamellen immer wieder so gebannt anhören, als ob ich sie zum ersten Mal erzählen würde. Dabei kennen Sie die doch schon alle.' Frau Müller holt tief Luft und flüstert: ‚Sie werden einmal, nein, Sie sind ein guter Pfleger!'"

Ich aber nicke schon wieder und denke: und ein starker Typ!

Elfriede Heuermann
Pflegefachkraft auf einer Demenzstation

Den richtigen Draht finden

Es dauerte eine ganze Zeit, bis ich bei Herrn Gropius (88) den „richtigen Draht" gefunden hatte. In der Pflegeausbildung hat meine hervorragende Lehrerin oft davon gesprochen, dass demenzkranke Patient*innen immer wieder tief in ihre Erinnerungswelt eintauchen. Um sie dort zu erreichen und zu begleiten, gelte es den richtigen Draht zu finden.

An diesem Montagmorgen lese ich in der Patientenakte, dass Herr Gropius einen Sohn hat, der ihn aber nicht besucht. Früher war er einmal stolzer Besitzer einer Tankstelle mit angeschlossener Werkstatt. Bei der morgendlichen Pflege ist Herr Gropius äußerst unkooperativ und auch schon mal aggressiv. Jetzt muss ich wieder an den richtigen Draht denken und nach kurzer Überlegung klopfe ich und betrete sein Zimmer.

Der ehemalige Besitzer einer renommierten Esso-Tankstelle im Herzen seiner Heimatstadt wundert sich sehr über das, was jetzt kommt: „Herr Gropius, wir müssen sofort die Bestellung für die Werkstatt aufnehmen. Die Ölfilter und die Motordichtungen sind fast aus." Er schaut mich verwundert an, kommt jedoch sofort in seinen geliebten Arbeitsmodus: „Wie viele Autos stehen noch in der Garage? Ist der BMW V8 noch in der Werkstatt? Und wann kommt die neue Hebebühne?", fragt er mich ungeduldig, aber seine leuchtenden Augen senden eine andere Botschaft. Er ist ganz in seinem Element und es geht ihm augenscheinlich richtig gut. Bestens gelaunt lässt er sich problemlos waschen und pflegen. Keine Spur mehr von Aggressionen oder Anflüge von Depressionen. Sogar sein Humor, von dem ich zuvor nie etwas bemerkt hatte, ist mit einem Mal da: „Frau Heuermann, Sie kennen sich ja ganz gut aus, aber im Blaumann würden Sie noch hübscher aussehen." Es wird heute augenscheinlich ein schöner Tag werden in Essen und insbesondere für den Tankstellenbesitzer Anton Gropius!

Eva Gundel
Pflegefachfrau in der ambulanten Pflege

Achtsamkeit in der Pflege

Herr Filthaut ist einer meiner Kunden, den ich schon viele Jahre betreue, aber zu dem ich bisher kaum Zugang gefunden habe. Er ist immer sehr sachlich und kooperiert bei den Pflegevorgängen, sodass er es mir leicht macht. Meine Versuche ihn aufzuheitern sind allerdings gänzlich gescheitert. Eine seltsame Melancholie scheint ihn gefangen zu halten. Ansätze einer Depression gibt es jedoch keine und mit schwerwiegenden Problemen hat er auch nicht zu kämpfen. Die Kommunikation mit ihm ist eher nüchtern und kurzsilbig, irgendetwas scheint ihn zu bedrücken.

Finanziell muss sich Herr Filthaut als Besitzer einer großen Immobilie in der Düsseldorfer Innenstadt wohl keine Sorgen machen. Und die ärztlichen Dossiers waren für sein Alter und obwohl er sich viel zu wenig bewegt, bis gestern immer ordentlich. Nun aber steht eine sehr riskante OP für ihn an. Ich befürchte, dass seine bedrückende Stimmung wohl noch zunehmen wird und mich zunehmend ansteckt. Nur zu gerne würde ich etwas dagegen tun. Der Schlüssel dazu fällt mir durch einen Zufall fast in den Schoß. Meine Kollegin Gaby erwähnt beiläufig, dass sich der Bruder von Herrn Filthaut bei der Zentrale nach seinem Zustand erkundigt hat. Von einem Bruder ist mir nichts bekannt und ohne mir große Gedanken zu machen, gebe ich die Information am nächsten Mittwoch an Herrn Filthaut weiter. Völlig aus dem Häuschen und mit hochrotem Kopf fragt er mich: „Wie geht es Erich, ist er gesund, wo wohnt er?" „Herr Filthaut, das kann ich nicht sagen, ich wusste gar nicht, dass Sie einen Bruder haben. Ich koche Ihnen jetzt erst einmal einen Beruhigungstee." Beim Tee bittet er mich, die Adresse von Erich herauszufinden, denn er wolle ihm noch vor seiner OP einen Brief schreiben. Außerdem solle ich auf keinen Fall seiner Frau davon etwas sagen. Daran halte ich mich natürlich. Die Operation verläuft erfolgreich und als kurz danach der Brief des Bruders eintrifft, ist Herr Filthaut wie ausgewechselt.

Die Arbeit mit ihm machte mir ab diesem Zeitpunkt wieder richtig Freude. Erst nach seinem Tod vor einiger Zeit traute ich mich, seine Frau nach der wundersamen Wandlung von damals zu befragen. Sie erklärte mir, dass die beiden nach einem Streit um eigentlich unwichtige Dinge über zwanzig Jahre lang nicht mehr miteinander gesprochen hatten.

Janina Niersbach
Pflegefachkraft in einem Essener Seniorenheim

Die schwarz gelbe Bade-Ente

Herr Albert Hofmeier ist jetzt 87 Jahre alt und geistig topfit. Jahrelang hatte er seine „Mutti" gepflegt und deshalb kaum am gesellschaftlichen Leben teilnehmen können. Nach ihrem Tod wollte er im Eiltempo möglichst alles nachholen. Die Ehe, die er aus seiner heutigen Sicht voreilig einging, hielt nur zwei Jahre. Herr Hofmeier wurde danach maßlos in seinem Alkoholkonsum. Es dauerte nicht lange, bis er seine Wohnung und alle Ersparnisse verlor. Den Absprung vom Alkohol hat er mit professioneller Hilfe geschafft, sein Zigarettenkonsum ist jedoch noch immer extrem hoch.

Die meisten Mitarbeiter*innen in unserem Haus fanden, er sei sehr freundlich im Umgang. Mich ignorierte er jedoch zunächst einfach. Lange habe ich gerätselt, warum das so war. Auch meine Kollegen*innen fanden keine Erklärung für sein untypisches Verhalten mir gegenüber. Ihn darauf anzusprechen, schien mir keine gute Idee zu sein, da er eher wortkarg ist. Im Gespräch mit unserer Pflegeleitung kamen wir schließlich der Sache auf die Spur. Zufällig ist unser Pflegeleiter glühender Borussia Dortmund-Fan. Er wies mich daraufhin, dass Herr Hofmeier früher oft in der „Gelben Wand" (die Südtribüne im Dortmunder Stadion, der berühmte Platz für die treuesten BVB-Anhänger) gestanden hat und zeigte auf mein weiß-blaues Schweißband mit dem Bayern-Logo, das ich mir im letzten Skiurlaub in Garmisch gekauft hatte. Da funkte es endlich bei mir und das Wunder nahm seinen Lauf. Mein Bruder (ebenfalls BVB-Fan) besorgte mir eine schwarz gelbe Bade-Ente aus dem Fanshop, die ich Herrn Hofmeier bei der morgendlichen Pflege schenkte. Wie ausgewechselt redete er von nun an in einem überaus freundlichen Ton mit mir und erzählte im Laufe der Zeit sogar offen und ehrlich von seiner Vergangenheit. Von diesem Tag an freute ich mich immer sehr auf die Begegnungen mit Herrn Hofmeier und er zeigte mir mit einem verschmitzten Lächeln, dass es bei ihm ganz genauso war.

Joanita Kayongo
Auszubildende als Pflegefachfrau

Die Patienten machen mich stark

Mit meiner Leeze kämpfe ich mich durch Wind und Regen, um Frau Kayongo in dem gemütlichen Café Tante August zu treffen. Etwas abgekämpft und durchnässt sehe ich bei meiner Ankunft, dass sie schon auf mich wartet. Ich beschließe, ihr erst einmal einfach nur zuzuhören. „In den neunziger Jahren wütete Aids in der ganzen Welt, aber in Afrika war es gnadenlos. Nur die Reichen hatten, wie die Menschen in Europa und den USA, ausreichend Geld für die sündhaft teuren Medikamente. Meine Cousine in Uganda hatte sich mit HIV infiziert und ich habe sie als Teenager gepflegt, so gut es ging. Meine Oma hatte ein grenzenloses Herz und wurde für ihre Empathie überall gerühmt. Vielleicht war sie mein Vorbild? Oder ich habe ihre Gene geerbt?

Nach dem unweigerlichen Tod meiner Cousine gelang es mir recht schnell, eine Greencard zu bekommen und ich ging in die USA. Dort empfand ich es als eine große Ungerechtigkeit, wie sehr Geld auch in diesem reichen Land über Leben und Tod entschied. Ich engagierte mich pflegerisch in einer evangelischen Kirchengemeinde, wo an jedem Wochenende vier Ärzte ehrenamtlich Menschen versorgten, darunter viele Aids-Kranke. Alle Kosten wurden von der Gemeinde übernommen. Denn in den USA gab es kein einheitliches, staatliches Gesundheitssystem wie hier. Bis heute werden nicht alle davon erfasst und viele müssen privat vorsorgen. Selbst Menschen aus mittleren und oberen Schichten geraten bei einem Krankheitsfall oft in Schwierigkeiten, die Armen sind sofort in existentiellen Nöten.

Inzwischen hatte ich die amerikanische Staatsbürgerschaft erhalten. Eine Cousine, die in Berlin lebt, empfahl mir nach Deutschland zu kommen. Das passte gut, denn ich suchte eine neue Herausforderung. Eine ganz neue Sprache und eine andere Kultur warteten auf mich. Meine Leidenschaft für die Pflege half mir erneut, und immer wieder waren es die Patienten*innen, die mich mit großer Empathie und Worten unterstützten, sogar dann, wenn rassistische Bemerkungen mir unter die Haut gingen. Ich werde nicht zulassen, dass sie Reaktionen bei mir auslösen, die von den Täter*innen gewollt sind. In mein Inneres lasse ich sie nicht! Das habe ich mir damals geschworen.

Es gab niemanden, der mir half, aber all die Herausforderungen (ich arbeitete nebenher als Reinigungskraft) konnten mich nicht wirklich aufhalten. Die große Stadt hatte allerdings ihre Anziehungskraft für mich bald verloren. Ich verließ Berlin und zog ins eher beschauliche Münster. Leider erlebte ich auch hier Diskriminierung. Inzwischen war ich aber so stark, dass ich in einem Altenheim, wo solche Angriffe fast ungeniert passierten, einfach kündigte. Ich heuerte bei einer Zeitarbeits-firma an – sicher kein attraktives Arbeitsmodell – und lernte in kurzer Zeit die Tätigkeiten in vielen Einrichtungen kennen.

Die Entscheidung, in meinem Alter noch eine Ausbildung zur Pfle-gefachfrau zu beginnen, habe ich nicht nur den wunderbaren Rück-meldungen meiner Patientinnen und Patienten zu verdanken, sondern auch dem sehr respektvollen und warmherzigen Arbeitsklima, das ich an der Pflegeschule täglich genießen darf. Ich will meine Ausbildung mit viel Freude, Leidenschaft und Humor absolvieren."

Christopher Görlich

Pflege in vergangenen Zeiten

„Menschen pflegen, das ist meins!" Dieser Satz und das darin liegende Bedürfnis, anderen Menschen zu helfen, sind nicht nur ein Thema der Gegenwart. Durch alle Zeiten lassen sich Zeugnisse finden, dass der Mensch dem Menschen ein Helfer sein kann. Wer sich auf die Suche macht, muss nicht weit reisen. In Kinderhaus, einem Stadtteil von Münster, wurden seit 1333 Leprakranke gepflegt. Lassen wir Wesselus de Petinehtoirpe, den ersten Rektor zu Kinderhaus, selbst zu Wort kommen, wie er gesprochen haben könnte, wenn er Besucher am Leprosorium in Münsters Norden begrüßte:

„Mein Name ist Wesselus de Petinehtoirpe. Im Jahre des Herren 1352 heiße ich Euch herzlich im Leprosorium zu Kinderhaus willkommen. Macht Rast Ihr Wanderer und Händler, die Ihr auf Eurem weiten und beschwerlichen Weg von Münster zum großen Meer im Norden die schmale Wegstelle zwischen dem Leprosorium zu Kinderhaus und der St. Gertrudenkirche passiert.

Seht, wie beschaulich es hier zugeht am schönen Bach, der ruhig durch das Münsterland fließt. Aber lasst Euch nicht vom Augenschein täuschen. Zehn Jahre ist es nun her, dass mich der Rat der Stadt, der Bischof von Münster und die Äbtissin von Überwasser zum Verwalter des hiesigen Leprosoriums berufen haben. ‚Rektorator Kinderhaus' darf ich mich seitdem nennen. Und es soll mir keiner nachsagen, dass ich nichts getan hätte für den kümmerlichen Lohn, den mir die weltlichen und kirchlichen Herren überließen. Sechs leprakranke Menschen finden in unserem Leprosorium Obdach. Von der Krankheit gezeichnet, aber versorgt. Diese kranken Menschen, diese armen Kinder Gottes, haben endlich ein Haus. Ich bin gewiss: Möge die Krankheit besiegt werden, der Name Kinderhaus wird bleiben bis in alle Ewigkeit.

Vieles haben wir erreicht in den letzten Jahren. Ich habe mit der Unterstützung der Bauern und Handwerker aus der Umgebung vieles geschaffen. Das Gelände nördlich der Stadt Münster am kleinen Bach haben wir urbar gemacht, das Haus errichtet und den Hof angelegt. Damit die Leprakranken gut versorgt sind, habe ich Gärten und Ackerflächen schaffen und Ställe für Tiere bauen lassen. Zwei Knechte kümmern sich um Menschen, Haus und Hof. Ich habe die kleine Kapelle, die hier am Weg von Münster zum großen Meer im Norden steht, hergerichtet. In ihr sorge ich seit 1342 als Priester für das Seelenheil der Leprosen und das der Menschen in der Umgegend. Ich habe einen Brunnen graben lassen, damit die Leprakranken Wasser haben und nicht die Brunnen der Dörfer und Häuser nutzen müssen, was ihnen streng verboten ist. Ich habe eine Mauer errichten lassen, die alles umgibt. Aber nein, nicht dass Ihr das denkt: die Mauer soll die Leprakranken nicht einschließen. Wenn sie sich mit ihrer Kleidung kenntlich machen und die Klapper mitführen, dann dürfen die Leprakranken das Leprosorium verlassen, um Betteln zu gehen. Sie sind keine Gefangenen, und ich bin gewiss, dass sie alle wiederkommen. Denn es geht ihnen gut hier.

Das will ich Euch wohl sagen: Erst gestern war ein Mann hier, mit weißen Flecken im Gesicht, der furchtbar klagte, die Lepra habe ihn befallen und er müsse nun elendig sterben, wenn ich mich nicht seiner annehme und ihn aufnähme in das Leprosorium zu Kinderhaus. Ich habe ihn weggeschickt. Das Weiße im Gesicht war Farbe. Er hatte sich angemalt. Das war leicht zu erkennen. Aber das war, weiß Gott, kein Einzelfall. Immer wieder geben Menschen vor, der Lepra anheimgefallen zu sein. Sie wünschen gut versorgt zu werden. Denn den Kranken geht es weit besser als manchen quietschfidelen und gesunden Tagelöhnern, die ihr bitteres Leben in den dreckigen Städten fristen.

Was fragt Ihr? Natürlich kostet das Geld! Den Grundstock legte Udo von der Tinnen im Jahre 1326. Er stiftete Höfe und Ländereien zur Errichtung eines Leprosenhauses. Die Erträge der umliegenden Bauernhöfe bilden das Fundament der soliden Finanzierung. Doch irgendwie reicht es nicht ganz. Ein bisschen stolz bin ich auf meine Idee, gleich vor der Kapelle ein kleines Häuschen aufzubauen. Darin befinden sich eine Darstellung der heiligen Gertrudis, die wir als Schutzpatronin der Leprakranken verehren, wie sie dem heiligen Lazarus einen großen goldenen Taler in den Bettelnapf legt. Um ganz sicher zu gehen, habe ich auch noch zwei Tafeln angebracht. ‚Ach reisender Mensch, bedenke die aussätzigen Armen, so wird Gott Dir Glück geben und sich Deiner Seele erbarmen,‘ so steht es gut sichtbar für die Reisenden, die aus der Stadt kommen. Und vorne, gleich über dem Spendenkasten, steht geschrieben: ‚Dem es Gott gibt im Sinn, der gebe den armen Leprosen allhie etwas in.'

Das sollten die Leute doch verstehen, oder? Ich bin mir sicher, dass noch in vielen Jahrhunderten die Menschen vor diesem Häuschen stehen werden und genau wissen, dass sie spenden sollen. Als Dank winkt der Erlass der Sündenstrafen. Es lohnt sich. Aber genug! Ich will Euch nicht aufhalten auf Eurem Weg gen Norden. Nur eine Bitte habe ich: Erzählt in den Dörfern und Städten, die auf Eurem Weg liegen, von unserem Leprosorium zu Kinderhaus. Wir brauchen jede Unterstützung."

Das mittelalterliche Gebäude, in dem seit 1333 die Leprakranken der Stadt Münster untergebracht waren, besteht heute nicht mehr. Nur die Mauer, die das Gelände schon im Mittelalter umgab, ist erhalten geblieben. Das Fachwerkhaus wurde im 17. Jahrhundert als Wohn- und Werkhaus für verwaiste Kinder errichtet. Bis in die jüngste Vergangenheit diente es als Armenhaus und Altersheim. So setzte sich die Geschichte der Fürsorge viele Jahrhunderte lang fort.

Dank

An erster Stelle gilt mein ausdrücklicher Dank allen, die in so unterschiedlicher Weise täglich Menschen pflegen. Natürlich bedanke ich mich ganz besonders bei den Frauen und Männern, denen ich gerne zugehört habe, um in diesem Buch ihre Geschichte zu erzählen.

Meinem Freund Uli Ruhe bin ich sehr verbunden, der mit viel Sachverstand und Freude an der Sache Cover und Layout erstellt hat. Dem Ardey-Verlag und besonders David Bendfeld danke ich für seine Geduld, die er bei den vielen kreativen Herausforderungen aufgebracht hat.

Der Initiative „Starke Pflege in Münster" und insbesondere dem fantastischen Fotografen Uwe Jesiorkowski danke ich für die künstlerischen Fotos der Pflegenden.

Karl-Josef Laumann, dem Minister für Arbeit, Gesundheit und Soziales in NRW, danke ich für sein wunderbares Vorwort. Er begründet politisch überzeugend und auf die christliche Sozialethik aufbauend, dass es höchste Priorität besitzt, den Pfleger*innen eine Stimme zu geben. In einer Gesellschaft, die den Herausforderungen des „demografischen Faktors" ausgeliefert ist, geht dies uns alle an.

Dorothee Feller, die neue Ministerin für Schule und Bildung in NRW und Ehrenvorsitzende der Domfreunde Münster, setzt sich auch nach ihrem Ausscheiden als Regierungspräsidentin weiter für die Pflege ein. Sie war maßgeblich dafür verantwortlich, dass das Engagement der Domfreunde für die Pflege und allen darin Tätigen mit diesem Buch fortgesetzt wird.

Unserem Vorsitzenden Dr. Stephan Nacke bin ich sehr dankbar für seine gründliche sozialpolitische Analyse des Themas.

Bildnachweis

Uwe Jesiorkowski: Fotos auf den Seiten 21, 28, 38, 50, 58, 79, 85, 89, 98, 103, 108 und 114

Eberhard Mehm: Coverfoto

Lepramuseum in Münster/Kinderhaus: Foto auf Seite 125

Dieter Sieger: Design Pflegepreis

Von Norbert Nientiedt sind außerdem im **ARDEY**-Verlag lieferbar:

Wer in Münster lebt, liebt seine „Leeze". Viele Menschen besitzen gleich mehrere. Auch Norbert Nientiedt fährt täglich mit seinem Fahrrad durch Münster. Er entdeckt ungewöhnliche Orte und begegnet Menschen, die ihn zu Geschichten über Zivilcourage, Menschlichkeit, Lebensmut und Wegen aus der Einsamkeit inspirieren. Natürlich darf ein Schuss Humor nicht fehlen.

Leezengeschichten
aus Münster zum Nachdenken und Schmunzeln

14,90 Euro, 136 Seiten

ISBN 978-3-87023-460-7

Norbert Nientiedt nimmt sich Zeit für Gespräche und Begegnungen. Er trifft Menschen, die anderen täglich ihr Lächeln schenken, Unbekannten bedingungslos zur Seite stehen oder trotz Obdachlosigkeit seine Geschäftspartner werden. In jedem Buch finden sich 52 Geschichten von Mut, Aufbruch und Veränderung. Nientiedt bietet so die Möglichkeit, jede Woche mit einer neuen Motivation zu beginnen – nachdenklich, tiefgründig oder lustig – aber immer wieder mit einer persönlichen Aufforderung verbunden: „Komm, steh auf!", „Tu doch was!" oder „Bleibe standhaft!"

Komm, steh auf!
Begegnungsgeschichten aus dem Alltag

14,90 Euro, 124 Seiten

ISBN 978-3-87023-397-6

Tu doch was!
Impulse für den eigenen Weg

14,90 Euro, 128 Seiten

ISBN 978-3-87023-433-1

Bleibe standhaft!
Mut für ein selbstbestimmtes Leben

14,90 Euro, 132 Seiten

ISBN 978-3-87023-447-8

Mehr zu Norbert Nientiedt, seinen Veranstaltungen und Büchern finden Sie unter **www.nientiedt.com**